fabios
das kochbuch

EDITION À LA CARTE

Vielen Dank an das Team von *fabios* für die freundliche Unterstützung während der Produktion
und an Küchenchef Christoph Brunnhuber

Ein A la Carte-Kochbuch im D+R Verlag

Herausgeber: Christian Grünwald
Idee, Konzept und Redaktion: Uschi Korda
Fotos: Katarina Gossow / fotobuero
Art Direktion: Uschka Jeschko
Fotokonzept: Alice Fernau / fotobuero

Reproproduktion: Repromedia, 1110 Wien
Druck: Ueberreuter Print und Digimedia, 2100 Korneuburg, Printed in Austria

Hersteller: D+R Verlag, A-1110 Wien, Leberstraße 122
Telefon: +43/1/740 77-0, www.alacarte.at; www.dundr.at

EDITION A LA CARTE

ISBN 3-9500856-7-X

INHALT

Alle Rezepte für 4 Personen

FABIO GIACOBELLO

F-a-b-i-o G-i-a-c-o-b-e-l-l-o – Italienischer kann man nicht heißen. Ein klingender Name für einen schillernden Patron in Wien. Dabei hatten die Wiener gleich mehrfach Glück, dass der italienische Gastronom seit zehn Jahren ihre kulinarische Szene belebt. Eigentlich zog der junge Fabio Giacobello nach der Hotelfachschule von Meran aus in die Welt, um Hoteldirektor zu werden. Doch verkrustete Hierarchien und verstaubte Atmosphären ließen ihn bald umdenken, und er beschloss, sich lieber im agileren Restaurant-Business zu engagieren. „Ich war immer sehr flexibel und begann mich zu bewegen." Sein Weg führte ihn zunächst ins renommierte Londoner „Savoy", dann nach Frankreich, Deutschland und bis nach Miami ins „Milano". Die Liebe brachte ihn wieder zurück auf den Kontinent nach München, wo er in einem italienischen Restaurant bald das Gefühl hatte stehen zu bleiben. Seine Herausforderung fand er schnell in der legendären „Aubergine", wo Koch-Ikone Eckart Witzigmann auch die Service-Truppe zu Höchst-Leistungen ansporrnte. Nach weiteren Stationen in Hamburg und Frankfurt war es wieder die Liebe, die ihn forttrieb. Zum Glück diesmal nach Wien, wo man für eine Neueröffnung gerade einen Restaurantchef suchte. Seither ist Fabio Giacobello einer der wichtigsten Player in der Wiener Gastronomie-Szene. Unter seiner Leitung avancierten die „Cantinetta Antinori", das „A Tavola" und das „Novelli" zu Hotspots, in denen sich neben Feinschmeckern auch die Prominenz aus Politik, Wirtschaft und Society um die begehrten Tische anstellte. „Die Wiener waren nicht leicht zu erobern", sagt Fabio Giacobello heute. „Wenn du hier überleben willst, musst du eine Spitzenqualität liefern." Eine Qualität, das war dem leidenschaftlichen Gastronomen bald klar, die man am besten in einem eigenen Restaurant umsetzen kann. 2002 erfüllte er sich seinen Traum und eröffnete auf der Tuchlauben mitten in der Wiener City das *fabios*. „Das war der Meilenstein meines bisherigen Lebens!" Mit *fabios* konnte er endlich kompromisslos die Idee eines Lokales umsetzen, bei dem Architektur und Atmosphäre für modernes, urbanes Flair sorgen, in dem sich die Gäste ungezwungen wohl fühlen. Wo hippe Kellner und Kellnerinnen einen perfekten Service hinlegen. Wo mediterrane Gerichte – „Ich bin Italiener!" – auf hohem Niveau, aber unprätentiös serviert werden. Binnen kürzester Zeit hat sein neues Gastro-Konzept, das kulinarisch, architektonisch und designmäßig neue Akzente in Wien setzt, eine große Anhängerschaft gefunden, zu denen natürlich auch die Fans von früher zählen. Sie alle stürmen *fabios*, diese gelungene Symbiose aus Bar, Lounge und Restaurant, in deren Zentrum der umtriebige Patron mit der richtigen Dosis Italo-Feeling für Stimmung sorgt. „Kochen ist für mich eine Herzenssache", sagt Fabio Giacobello, der schon als Kind gemeinsam mit seiner Mutter am Herd stand. „Essen und Psyche sind stark miteinander verbunden. Wenn sich die Gäste in beiderlei Hinsicht bei mir wohl fühlen, bin ich glücklich – nur dann bin ich zufrieden."

FABIOS – DAS AMBIENTE

Am Anfang war das Glas. Genauer gesagt zwei Wassergläser, eines bordeauxrot, das andere rauchgrau. Als Fabio Giacobello die Architekten Armin Ebner und Markus Spiegelfeld mit der Gestaltung von *fabios* betraute, hielt er ihnen die beiden Gläser mit dem Statement: „Auf dieser Basis will ich mein Lokal haben", vor die Nase. Natürlich gab es auch noch andere Vorgaben. Viel Technisches, denn für einen reibungslosen Service müssen die Abläufe zwischen Küche, Restaurant und Bar bis ins letzte Detail genau geplant werden. „Ich wollte ein schönes, aber kein ‚Fashion'-Lokal", so Fabio Giacobello. „Bei mir stehen das Essen, der Service und vor allem die Qualität im Vordergrund. Die Architektur unterstreicht für mich die Kunst der Küche und nicht umgekehrt." Aber optisch sollten die beiden Architekten *fabios* rund um die Wassergläser herum bauen. Blickfang ist die riesige Glasfassade, die bei Schönwetter aufgeklappt wird und den Raum um eine weitere Dimension vergrößert und öffnet. Tische und Sesseln entlang der Glasfront erzeugen das Flair eines mediterranen Restaurants. Hier nimmt Platz, wer gerne sieht und gesehen werden möchte. Der hintere Teil des Raumes ist in Logen aufgeteilt, die mehr Privatsphäre erzeugen. Sitzmöbel aus dunkelbraunem Leder harmonieren ideal mit der Vertäfelung aus amerikanischem Nussholz. Dazu sorgt die Beleuchtung in Orange-Tönen zusätzlich für entspannte Atmosphäre. Ja und die Gläser, die kommen natürlich besonders gut zur Geltung.

AUSZEICHNUNGEN FÜR *FABIOS*

- Gewinner der Trophée Gourmet 2004 in der Kategorie Ethno-Küche
- 3 Sterne und 82 Punkte im Guide „Österreich A la Carte 2005"
- 2 Hauben im „Gault Millau 2004"
- 83 Punkte im „Tafelspitz 2004"
- 1. Platz beim Talente-Wettbewerb „Newcomer 2004" für Sous-Chef Tommy R. Möbius
- 2. Platz „Die besten Business-Lokale Wiens" im Wirtschaftsblatt
- Loos Preis 2003, Österreichischer Staatspreis für Architektur
- Internationaler Architekturpreis Contractworld.award 2004 Hannover

AUSZUG AUS DEM INTERNATIONALEN GÄSTEBUCH: Bruce Springsteen mit Band, Catherine Deneuve, Michael Madsen, Christopher Lee, Simply Red, Dave Stewart, Michael Gorbatschow, Riccardo Muti, Zubin Mehta, Franz Beckenbauer, Heike Makatsch, Ralf Schumacher, Thomas Gottschalk

DAS VORSPIEL

10 Uhr vormittags, in die Wiener City kommt langsam Bewegung.
Die ersten Window-Shopper mischen sich unter Touristen und Geschäftsleute, lassen auf der Tuchlauben die riesige Glasfront von *fabios* noch unbeachtet links liegen.
Dort drinnen aber zieht das Morgenlicht bereits den Vorhang auf für den neuen Tag.
Vorne an der Bar werden frische Blumen arrangiert, während die Servicebrigade teils im Joggingschritt, teils per Fahrrad sportlich-dynamisch die noch leere Restaurantbühne betritt. 10 Minuten später würde man sie fast nicht mehr erkennen. Mit akkurat gebügelten Hemden und langen beigen Schürzen formieren sie sich zu einem Ballett, das bis Mitternacht für die Zufriedenheit der Gäste sorgen wird.
Zunächst aber werden noch Gläser und Servietten zurechtgerückt, wird Besteck poliert und das Reservierungsbuch kontrolliert. Geschäftsführer Michael Kahovec taucht gleich ab in den Weinkeller, der von ihm kompetent sortiert und gepflegt wird. Im Laufe des Abends wird er noch so manchen Gast mit einem feinen Wein aus Italien, Spanien oder auch Österreich überraschen.
Einige der Mädels und Jungs folgen Fabio Giacobello schon seit Jahren, begleiten ihn an seinen verschiedenen Wiener Stationen und sind seit Beginn bei *fabios* dabei. Sie sind die Protagonisten der Truppe, die das Credo des Chefs sogar im Schlaf intus hat:
„Das A und O eines guten Service ist Perfektionismus gepaart mit Improvisationstalent!"

Zweierlei Thunfisch, Carpaccio und Tatar, mit Erbsenpüree

ZUTATEN
500 g Thunfischfilet
1 Zweig Koriander
1 EL Feigensenf
1 Msp. Wasabi
Salz, Pfeffer
5 EL Olivenöl
80 g Erbsen
1 EL Butter
10 Minzeblätter
1 Zweig Petersilie
1 Spritzer Zitronensaft

Das Mittelstück vom Thunfisch in ein Quadrat schneiden und einfrieren. Den restlichen Thunfisch fein hacken. Koriander ebenfalls fein hacken. Thunfischtatar mit Koriander, Senf, Wasabi, Salz, Pfeffer und 3 EL Olivenöl gut vermischen. Erbsen blanchieren und in Eiswasser abschrecken. In einem kleinen Topf Butter zu brauner Butter erhitzen. Erbsen, braune Butter und Minzeblätter in der Küchenmaschine zu feinem Püree verarbeiten. Mit Salz und Pfeffer abschmecken. Gefrorenen Thunfisch in dünne Scheiben schneiden und auf Tellern anrichten.
Petersilie fein hacken, mit 2 EL Olivenöl und Zitronensaft zu einem Dressing verrühren und Thunfischcarpaccio damit bestreichen.
Thunfischtatar in Metallringe (4 cm Durchmesser, 5 cm Höhe) pressen. Erbsenpüree neben dem Thunfischcarpaccio auf den Tellern verteilen und Thunfischtatar darauf stürzen.

Oktopuscarpaccio mit Paprikadressing und Balsamico

ZUTATEN
1 Oktopus (à ca. 1 kg)
2 Schalotten
1 Knoblauchzehe
1/2 Lauchstange
2 Stangen von der Staudensellerie
1 Zitrone
2 EL Olivenöl
100 ml Noilly Prat
300 ml Weißwein
10 weiße Pfefferkörner
1 Zweig Thymian
Meersalz
5 Weißweinkorken

Salz, Pfeffer
1 EL Olivenöl
1 Spritzer Zitronensaft

Für das Paprikadressing
1 roter Paprika
1 gelber Paprika
1 EL weißer Balsamico
1 Msp. Dijonsenf
80 ml Olivenöl (extra vergine)

Für die Balsamicoreduktion
250 ml Balsamico
125 ml naturtrüber Apfelsaft
100 g Zucker
1 EL Walnussöl

Oktopus putzen und mit kaltem Wasser abspülen. Schalotten und Knoblauch schälen, Lauch und Staudensellerie putzen und alles grobwürfelig schneiden. Zitrone in Scheiben schneiden. In einem größeren Topf Olivenöl erhitzen, Gemüse darin anschwitzen und mit Noilly Prat und Weißwein ablöschen. Oktopus zugeben und so viel Wasser zugießen, dass er knapp bedeckt ist. Gewürze, Zitronenscheiben und Weißweinkorken in die Flüssigkeit geben, einmal aufkochen und den Oktopus bei kleiner Hitze weich kochen (mindestens 1 1/2 Stunden). Oktopus aus dem Sud nehmen, leicht überkühlen lassen und noch im warmen Zustand Fangarme abtrennen und Kopf halbieren. Oktopusteile in eine Terrinenform legen, mit Salz, Pfeffer, Olivenöl und Zitronensaft würzen. Mit Klarsichtfolie bedecken, Terrinendeckel darauf setzen und mit Gewicht beschweren, damit der Oktopus gepresst wird. Über Nacht in den Kühlschrank stellen.

Für das Paprikadressing Paprika waschen, halbieren und entkernen. In eine Pfanne mit etwas Olivenöl setzen und im Backrohr bei 220 °C Oberhitze braten, bis die Haut Blasen bildet. Herausnehmen, schälen und in kleine Würfel schneiden. Mit den restlichen Zutaten vermischen und beiseite stellen.

Für die Balsamicoreduktion Balsamico, Apfelsaft und Zucker in einem Topf bei kleiner Hitze so lange einreduzieren, bis eine dickflüssige Konsistenz entsteht. Vom Herd nehmen, erkalten lassen und erst dann das Walnussöl einrühren.

Den gepressten Oktopus aus der Form stürzen und mit der Aufschneidemaschine in dünne Scheiben schneiden.

Oktopusscheiben auf Tellern verteilen, mit Paprikadressing nappieren und mit Balsamicoreduktion beträufeln.

Oktopussalat mit Bohnen und Kartoffeln

ZUTATEN
1 Oktopus (à ca. 1 kg), 2 Schalotten
1 Knoblauchzehe, 1/2 Lauchstange
2 Stangen von der Staudensellerie
1 Zitrone, 2 EL Olivenöl, 100 ml Noilly Prat
300 ml Weißwein, 10 weiße Pfefferkörner
1 Zweig Thymian, Meersalz, 5 Weißweinkorken

Für die Oktopus-Marinade
50 ml Noilly Prat, 50 ml Pernod
200 ml Olivenöl, 100 ml weißer Balsamico
Muskatnuss, Salz, Pfeffer

100 g weiße Bohnen (über Nacht eingeweicht), 80 g Fisolen, 1 Zweig Bohnenkraut
2 EL Olivenöl, 2 EL weißer Balsamico, Salz
Pfeffer, 12 heurige Kartoffeln, 2 EL Butter

Oktopus mit nebenstehenden Zutaten wie bei Oktopuscarpaccio (S. 19) kochen, überkühlen lassen und in kleine Stücke schneiden.
Für die Marinade Noilly Prat und Pernod aufkochen und reduzieren. Dann Olivenöl und Balsamico zugeben, mit Muskatnuss, Salz und Pfeffer würzen. Den Oktopus mit der noch heißen Marinade übergießen, da sie so besser einziehen kann. Für mindestens 6 Stunden im Kühlschrank kalt stellen.
Die eingeweichten weißen Bohnen in Wasser ohne Salz weich kochen. Fisolen in Salzwasser blanchieren und mit Eiswasser abschrecken. Bohnenkraut zupfen und hacken.
Weiße Bohnen und Fisolen in eine Schüssel geben und mit Olivenöl, Balsamico, Salz, Pfeffer und Bohnenkraut vermischen.
Kartoffeln kochen und schälen. In einer Pfanne Butter aufschäumen und Kartoffeln durchschwenken. Bohnen auf den Tellern verteilen, Oktopussalat darauf setzen und mit Kartoffeln garnieren.

Minipaprika gefüllt mit Oktopustatar und Couscous

ZUTATEN
4 rote Minipaprika
4 gelbe Minipaprika

Für das Oktopustatar
200 g gekochter Oktopus (siehe S. 19)
3 getrocknete Tomaten, 1 Zweig Thymian
1 KL gehackte Petersilie, 1 EL Olivenöl

Für den Couscous
1/4 Zucchini, 1 kleiner roter Paprika
1 kleiner gelber Paprika, 1/2 Babymelanzani
2 EL Olivenöl, 80 ml Geflügelfond (siehe S. 60)
80 g Couscous, 20 Kapern, 1 EL Butter
1 Zweig Thymian (gezupft),
1 KL gehackte Petersilie, Salz,
Pfeffer, Cayennepfeffer

Minipaprika waschen, Kappe abschneiden und aushöhlen. Kurz in heißem Wasser blanchieren, mit Eiswasser abschrecken und beiseite stellen.
Für das Oktopustatar gekochten Oktopus fein hacken. Getrocknete Tomaten ebenfalls klein hacken, Thymian zupfen und hacken. Oktopus mit Tomaten, Petersilie, Thymian und Olivenöl vermischen.
Für den Couscous Zucchini, Paprika und Melanzani waschen und kleinwürfelig schneiden. In einem Topf Olivenöl erhitzen, Gemüse darin anschwitzen und mit Geflügelfond aufgießen. Couscous und Kapern zugeben und einmal aufquellen lassen. Vom Herd nehmen, zudecken und 20 Minuten lang ziehen lassen. Dann Butter, Kräuter und Gewürze einrühren und überkühlen lassen.
Minipaprika abwechselnd entweder mit Oktopustatar oder mit lauwarmem Couscous füllen.

FOTO SIEHE SEITE 22

Mediterranes Kalbstatar mit Thunfischcreme und frittierten Kapern

Kalbfleisch von den Sehnen befreien und grob faschieren. Kapernbeeren, Sardellenfilets, getrocknete Tomaten, Oliven, Pinienkerne, Dijonsenf und Olivenöl in der Küchenmaschine zu einer Paste verarbeiten. Paste mit gehackter Petersilie unter das faschierte Kalbfleisch mischen. Mit Salz, Pfeffer und Paprikapulver würzen und ca. $^1/_2$ Stunde einziehen lassen.

Für die Thunfischcreme alle Zutaten außer dem Olivenöl in der Küchenmaschine zu einer glatten Masse verrühren. Dann nach und nach Olivenöl zugießen und zu einer Mayonnaise aufschlagen.

Kapern mit kaltem Wasser abspülen. Mit Küchenpapier gut trocken tupfen und anschließend in Mehl wenden. In einer Pfanne Öl erhitzen und die bemehlten Kapern darin frittieren.

Thunfischcreme großzügig auf Tellern verteilen. Kalbstatar in einen Metallring (ca. 4 cm Durchmesser, ca. 5 cm hoch) füllen und auf die Creme stürzen. Mit frittierten Kapern garnieren.

ZUTATEN

400 g Kalbsnuss, 6 Kapernbeeren
3 Sardellenfilets, 5 getrocknete Tomaten
6 schwarze Oliven (entkernt)
1 EL geröstete Pinienkerne
1 KL Dijonsenf, 2 EL Olivenöl
1 EL gehackte Petersilie, Salz, Pfeffer
1 Msp. Paprikapulver, 2 EL Kapern
etwas Mehl
Öl zum Frittieren

Für die Thunfischcreme
1 Dose Thunfisch (à 125 g)
1 Eidotter
2 EL Geflügelfond (siehe S. 60)
1 EL Kalbsjus (siehe S. 131)
1 EL Crème fraîche
Salz, Cayennepfeffer
100 ml Olivenöl

Kaninchenfilet auf Bittersalaten und Zitrusfrüchten

Grapefruit, Orange und Limette schälen und filetieren. Dabei den Saft auffangen und mit Olivenöl, Salz und Pfeffer zu einem Dressing verrühren. Friséesalat, Radicchio, Chicorée und Löwenzahn waschen und gut abtropfen lassen. In einer Schüssel mit dem Dressing, den Pinienkernen und den Zitrusfrüchten vermischen.

Kaninchenfilets salzen und pfeffern. In einer Pfanne Butter erhitzen, Thymianzweig zugeben und Kaninchenfilets darin beidseitig braten. Salat auf Tellern anrichten und mit Kaninchenfilets belegen.

ZUTATEN

1 Grapefruit, 1 Orange, 1 Limette
80 ml Olivenöl, Salz, Pfeffer
1 kleiner Friséesalat
1 Radicchio Treviso, 1 Chicorée
1 Bund Löwenzahn
1 EL geröstete Pinienkerne
8 Kaninchenfilets
Butter zum Braten
1 Zweig Thymian

Burrata mit gegrilltem Gemüse

Roten und gelben Paprika waschen. In eine Pfanne mit etwas Olivenöl legen und im Rohr bei 220 °C Oberhitze braten, bis die Haut Blasen wirft. Herausnehmen, schälen, vom Kerngehäuse befreien und vierteln.
Tomate kreuzweise einschneiden, kurz blanchieren, abschrecken und Haut abziehen. In vier Teile schneiden und entkernen.
Zucchini und Melanzani waschen und in Scheiben schneiden. Mit 2 EL Olivenöl beträufeln und in der Grillpfanne beidseitig grillen.
Paprika und Tomaten zugeben und kurz mitschwenken, mit Salz und Pfeffer würzen.
Burrata vierteln und Basilikum fein schneiden. Gemüse auf Tellern anrichten und mit Burrata belegen. Mit 2 EL Olivenöl beträufeln und mit Basilikum bestreuen.

ZUTATEN
1 roter Paprika
1 gelber Paprika
5 EL Olivenöl (extra vergine)
1 Tomate
1 Zucchini
1 Melanzani
Salz, Pfeffer
1 Burrata (à 300 g)
1 Bund Basilikum

BURRATA ist eine Spezialität aus Apulien, ein Frischkäse aus Kuhmilch, Büffelmilch und Obers in Affodill-Blätter (Liliengewächs) gewickelt.

Salat von Büffelmozzarella mit Melanzani und Minze

Melanzani waschen und der Länge nach halbieren. Schnittfläche kreuzweise einschneiden, salzen, pfeffern und mit 3 EL Olivenöl beträufeln. In einer Pfanne auf der Schnittfläche anbraten, umdrehen und mit Alufolie bedecken. Im Backrohr bei 180 °C ca. 40 Minuten lang braten. Herausnehmen, abkühlen lassen und in 2 cm große Würfel schneiden.
Mozzarella ebenfalls in Würfel schneiden und mit den Melanzaniwürfeln vermischen. Mit Salz, Pfeffer, Balsamico und Olivenöl marinieren.
Minzeblätter in feine Streifen schneiden und den Salat damit bestreuen.

ZUTATEN
1 Melanzani
Salz, Pfeffer
6 EL Olivenöl
250 g Büffelmozzarella
2 EL weißer Balsamico
1 Bund Minzeblätter

Rindercarpaccio mit Taleggiocreme und schwarzer Trüffel

Rindsfilet zuputzen und im Ganzen 12 Stunden lang einfrieren. Danach am besten mit der Aufschneidemaschine in hauchdünne Scheiben schneiden.
Obers in einem Topf erwärmen. Taleggio zugeben und schmelzen lassen. Vom Herd nehmen und erkalten lassen.
Ca. 1/3 der Trüffel fein hacken und gemeinsam mit der Crème fraîche unter die Taleggiocreme rühren. Mit Salz und Cayennepfeffer würzen.
Rindercarpaccio auf Tellern auflegen, mit der Taleggiocreme nappieren und den Rest der Trüffel darüber hobeln.

ZUTATEN
400 g Rindsfilet
125 ml Obers
100 g Taleggio
1 schwarze Trüffel
1 El Crème fraîche
Salz
Cayennepfeffer

Eingelegter Thunfisch mit Chili-Tomatensauce und Römersalat

ZUTATEN
500 ml Olivenöl
2 Chilischoten
10 weiße Pfefferkörner (zerstoßen)
1 Zweig Thymian
1 Zweig Rosmarin
400 g Thunfisch (Mittelstück)

Für die Tomatensauce
2 Tomaten
1 Chilischote
1 EL Olivenöl
100 ml Tomatensaft
Salz, Pfeffer
1 Schuss Worcestersauce

Für den Römersalat
100 ml weißer Portwein
4 Römersalatherzen
80 ml Olivenöl
30 ml weißer Balsamico

Für den eingelegten Thunfisch in einer Pfanne Olivenöl mit Chilischoten, Pfefferkörnern, Thymian- und Rosmarinzweig erhitzen und vom Herd nehmen. Thunfisch in die noch warme Marinade einlegen, sodass er zur Gänze bedeckt ist. Bei Bedarf etwas Olivenöl zugießen. Eingelegten Thunfisch 24 Stunden im Kühlschrank marinieren lassen.
Für die Tomatensauce Tomaten waschen und klein schneiden. Chilischote ebenfalls waschen und fein schneiden. In einem Topf Tomaten und Chili in Olivenöl anschwitzen. Tomatensaft zugießen, mit Salz, Pfeffer und Worcestersauce würzen.
Einmal aufkochen und 10 Minuten lang köcheln lassen. Durch ein feines Sieb passieren und zum Erkalten beiseite stellen.
Für den Römersalat in einem kleinen Topf Portwein erhitzen, auf die Hälfte einreduzieren und abkühlen lassen.
Salatherzen waschen, der Länge nach halbieren, salzen und pfeffern.
In einer Pfanne etwas Olivenöl erhitzen, Salat darin kurz anbraten. Das restliche Olivenöl mit Balsamico, reduziertem Portwein, Salz und Pfeffer zu einem Dressing verrühren und den Salat damit marinieren.
Eingelegten Thunfisch aus der Marinade nehmen, auf Küchenpapier legen und trocken tupfen. Dann in dünne Scheiben schneiden.
Salat auf Tellern anrichten, mit Thunfischscheiben belegen und mit kalter Tomatensauce nappieren.

Hummercappuccino mit Kartoffelschaum

ZUTATEN
2 Hummer
1 EL Butter

Für die Sauce
1 Karotte
1/4 Sellerie
1/2 Stange Lauch
2 Schalotten
1 Knoblauchzehe
2 EL Olivenöl
Karkassen vom Hummer
1 Tomate
1 KL Tomatenmark
150 ml Weißwein
40 ml Noilly Prat
500 ml Geflügelfond
(siehe S. 60)
100 ml Obers
1 mehlige Kartoffel (gerieben)
Salz, Pfeffer
1 Zweig Thymian
2 Lorbeerblätter
Saft von 1 Zitrone
1 EL kalte Butter

Für den Kartoffelschaum
150 g mehlige Kartoffeln
75 ml Milch
25 ml Kartoffelkochwasser
12 g weiche Butter
Salz, Pfeffer
Cayennepfeffer

Hummer in Salzwasser 2 Minuten lang kochen und in Eiswasser abschrecken. Die Scheren abtrennen und weitere 3 Minuten lang kochen. Hummerfleisch auslösen, in mundgerechte Stücke schneiden und die Karkassen für die Sauce beiseite stellen.
Für die Sauce Karotte, Sellerie und Lauch putzen, Schalotten und Knoblauch schälen. Alles Gemüse, Schalotten und Knoblauch kleinwürfelig schneiden. Olivenöl in einer Pfanne erhitzen und Karkassen darin anrösten. Gemüse, Schalotten und Knoblauch zugeben und ca. 20 Minuten lang mitrösten. Tomate waschen und vierteln. Mit dem Tomatenmark einmischen, mit Weißwein und Noilly Prat ablöschen. Aufkochen und zur Gänze einreduzieren. Dann Geflügelfond und Obers zugießen und zum Binden der Sauce die geriebene Kartoffel einrühren. Mit Salz und Pfeffer würzen, Thymianzweig, Lorbeerblätter und Zitronensaft zugeben.
30 Minuten lang leicht köcheln lassen.
Vom Herd nehmen, durch ein Sieb passieren und mit kalter Butter binden.
In der Zwischenzeit für den Kartoffelschaum Kartoffeln schälen, vierteln und in Salzwasser weich kochen. Abseihen und noch heiß durch die Kartoffelpresse drücken. Kartoffelmasse in eine Schüssel geben und mit den restlichen Zutaten gut vermischen. In eine Espuma-Flasche füllen, 3 Patronen einschrauben und die Flasche im Wasserbad warm stellen.
In einer Pfanne Butter aufschäumen. Hummerstücke salzen, pfeffern und in der Butter schwenken.
Hummer in vorgewärmte Gläser füllen, mit der Sauce auffüllen und mit Kartoffelschaum nappieren.

Gebratene Calamari
mit Fenchel-Orangensalat und Tropea Oliven

Für den Fenchel-Orangenfond Schalotten schälen. Fenchel putzen und den zugeputzten Fenchel sowie das Fenchelgrün beiseite stellen. Die äußeren Fenchelabschnitte und Schalotten grob schneiden. In einem Topf Butter erhitzen, Fenchelabschnitte und Schalotten darin anschwitzen. Geflügelfond und Orangensaft zugießen. Mit Meersalz, Pfeffer, Ingwer und Sternanis würzen. Einmal aufkochen und 30 Minuten lang köcheln lassen. Abseihen und zum Auskühlen beiseite stellen. Dann 50 ml Olivenöl einrühren und aufmixen. Geputzten Fenchel in dünne Scheiben schneiden, salzen und 10 Minuten lang ziehen lassen. Dann ausdrücken und mit Fenchel-Orangenfond marinieren. Fenchelgrün fein hacken. Orange schälen und filetieren. Fenchelgrün, Orangenfilets und Oliven in den Salat mischen. Calamari putzen, salzen und pfeffern. In einer Pfanne das restliche Olivenöl erhitzen, Calamari darin beidseitig braten. Fenchel-Orangensalat auf Tellern anrichten und mit gebratenen Calamari belegen.

ZUTATEN
3 Schalotten
1 Fenchel
50 g Butter
125 ml Geflügelfond (siehe S. 60)
125 ml frisch gepresster Orangensaft
Meersalz
Pfeffer
1 KL fein gehackter Ingwer
3 Sternanis
80 ml Olivenöl
Salz
1 Orange
50 g Tropea Oliven (entsteint)
500 g Calamari

Zweierlei Calamari mit Crostini di Lardo

Chilischote fein hacken, Knoblauch schälen und fein schneiden. Tomate kreuzweise einschneiden, kurz in heißem Wasser blanchieren und abschrecken. Haut abziehen, entkernen und in kleine Würfel schneiden.
Calamari putzen und in 1 cm breite Streifen schneiden. Mit Salz, Pfeffer und Zitronensaft würzen.
Die Hälfte der Calamari in Olivenöl anbraten. Chilischote, Knoblauch, Tomatensauce und Tomatenwürfel zugeben und ca. 1 Minute lang köcheln lassen. Gehackte Kräuter einrühren und warm stellen.
Die andere Hälfte der Calamari in Mehl wenden. In einer Pfanne Öl erhitzen, bemehlte Calamari darin schnell frittieren. Herausnehmen, auf Küchenpapier abtropfen lassen und leicht salzen.
Für die Crostini di Lardo Weißbrotscheiben toasten und mit Lardo di Colonata belegen. Im Backrohr bei starker Oberhitze zum Schmelzen bringen.
Geschmorte und frittierte Calamari jeweils extra in Schalen anrichten und mit Crostini di Lardo servieren.

LARDO ist ein weißer Speck vom Schweinsrücken, der in Kräutern gelagert wird.

ZUTATEN
$^1/_2$ Chilischote
1 kleine Knoblauchzehe
1 Tomate
500 g Calamari
Salz, Pfeffer
Saft von $^1/_2$ Zitrone
2 EL Olivenöl
100 ml Tomatensauce (siehe S. 53)
1 EL gehackte Kräuter (Petersilie, Thymian, Basilikum)
etwas Mehl zum Wenden
500 ml Öl zum Frittieren
8 dünne Scheiben Weißbrot
16 dünne Scheiben Lardo di Colonata

Sepien mit Safranrisotto und Trockentomaten gefüllt auf Sepiacreme

Für den Risotto Schalotten in Olivenöl anschwitzen. Reis zugeben und kurz mitrösten. Mit Weißwein ablöschen und Safranfäden einrühren. Bei kleiner Hitze reduzieren. Geflügelfond erwärmen und unter ständigem Rühren nach und nach zugießen. Bei kleiner Hitze so lange leicht köcheln lassen, bis der Reis al dente ist. Mit Butter und Parmesan binden, salzen, pfeffern und beiseite stellen.

Für die Paste alle Zutaten vermischen und in der Küchenmaschine zerkleinern. Paste unter den Risotto rühren.

Für die Sepiacreme Schalotten schälen, Champignons putzen. Schalotten und Champignons grobwürfelig schneiden. In einem Topf Olivenöl erhitzen, Schalotten und Champignons darin sautieren. Mit Weißwein und Noilly Prat ablöschen und Fischfond (oder Geflügelfond) zugießen. 10 Minuten lang köcheln lassen. Dann Obers und Sepiatinte zugeben und weitere 10 Minuten lang köcheln lassen. Mit Salz, Cayennepfeffer und Zitronensaft würzen. Mit einem Pürierstab aufmixen und durch ein Sieb passieren.

In der Zwischenzeit Sepien zuputzen, mit Risotto füllen und mit einem Zahnstocher verschließen.

In Olivenöl rundherum anbraten und für einige Minuten ins Backrohr stellen, damit die Fülle erwärmt wird.

Warme Sepiacreme auf Tellern verteilen und gefüllte Sepien darauf setzen.

ZUTATEN

Für den Risotto
1 EL fein geschnittene Schalotten
2 EL Olivenöl
100 g Risottoreis
100 ml Weißwein
20 Safranfäden
250 ml Geflügelfond (siehe S. 60)
20 g Butter
2 EL Parmesan (gerieben)
Salz, Pfeffer

Für die Paste
10 getrocknete Tomaten
10 schwarze Oliven
4 Sardellenfilets
3 eingelegte Artischocken
1 EL Kapern
Zesten von 1 Zitrone
70 ml Olivenöl

Für die Sepiacreme
2 Schalotten
30 g Champignons
3 EL Olivenöl
50 ml Weißwein
50 ml Noilly Prat
150 ml Fischfond (oder Geflügelfond siehe S. 60)
30 ml Obers
1 KL Sepiatinte
Salz
Cayennepfeffer
1 Spritzer Zitronensaft

8 Sepien (à ca. 30 g)
3 EL Olivenöl zum Braten

Sepien und Steinpilze gebraten mit Pesto

ZUTATEN
Für das Pesto
1 Bund Petersilie (ca. 50 g)
2 Bund Basilikum (ca. 100 g)
1 Knoblauchzehe
80 g Butter
120 ml Olivenöl
30 g geröstete Pinienkerne
1 EL geriebener Parmesan
Salz, Pfeffer

12 Sepien (à ca. 30 g)
200 g Steinpilze
5 EL Olivenöl
Salz, Pfeffer
gemahlener Kümmel
1 EL gehackte Kräuter (Petersilie, Thymian, Rosmarin)

Für das Pesto Petersilie zupfen und blanchieren. Basilikumblätter klein schneiden. Knoblauch schälen und fein hacken. In einem kleinen Topf Butter zu brauner Butter erhitzen und abkühlen lassen. Alle Zutaten für das Pesto vermischen und mit der Küchenmaschine oder im Mörser zu einer sämigen Masse verarbeiten.

Sepien von den Innereien befreien und putzen. Mit reichlich kaltem Wasser abspülen und trocken tupfen.

Steinpilze putzen und in Scheiben schneiden. In einer Pfanne 3 EL Olivenöl erhitzen, Steinpilze darin anbraten. Zum Schluss mit Salz, Pfeffer und Kümmel würzen und die Kräuter dazumischen.

In einer anderen Pfanne 2 EL Olivenöl erhitzen und Sepien darin beidseitig braten.

Steinpilze auf Tellern verteilen, Sepien darauf legen und mit Pesto beträufeln.

Gegrillte Jakobsmuscheln mit Avocado und Radicchio Treviso

ZUTATEN
2 reife Avocado
1 roter Paprika
Salz, Pfeffer
1 Spritzer Zitronensaft
1 Radicchio Treviso
3 EL Olivenöl
1 Prise Staubzucker
1 Spritzer weißer Balsamico
12 Jakobsmuscheln (à 20 g)

Avocado schälen und in kleine Würfel schneiden.
Paprika waschen, halbieren und entkernen. In eine Pfanne mit etwas Olivenöl setzen und im Backrohr bei 220 °C Oberhitze braten, bis die Haut Blasen bildet.
Herausnehmen, schälen und in kleine Würfel schneiden. Paprika und Avocado vermischen, mit Salz, Pfeffer und Zitronensaft marinieren.
Vom Radicchio in 5 cm Länge die Spitzen abschneiden. In einer Pfanne 2 EL Olivenöl erhitzen, Radicchiospitzen darin anbraten.
Mit Salz, Pfeffer, Staubzucker und weißem Balsamico würzen.
Jakobsmuscheln mit Olivenöl bestreichen und beidseitig in der Grillpfanne grillen.
Avocado und lauwarmen Radicchio auf Tellern verteilen und mit gegrillten Jakobsmuscheln belegen.

RADICCHIO TREVISO ist ein länglicher Radicchio aus Venetien, mit einem intensiveren herben Geschmack als die herkömmlichen runden Sorten.

Rindercarpaccio mit Eierspeis und Grammeln

ZUTATEN
400 g Rindsfilet (geputzt)
Salz, Pfeffer
2 EL Olivenöl
4 Eier
1 Zweig Petersilie
100 g Grammeln

Rindsfilet mit Salz und Pfeffer würzen und in Folie straff einrollen. 24 Stunden lang im Tiefkühler einfrieren. Herausnehmen, auswickeln und mit einer Aufschneidemaschine in hauchdünne Scheiben schneiden. Teller mit Olivenöl bestreichen und mit Rindercarpaccio belegen. Mit Salz und Pfeffer würzen.
Eier versprudeln und salzen. Petersilie fein hacken und mit den versprudelten Eiern vermischen. In einer Pfanne Grammeln kurz anrösten, versprudelte Eier darüber gießen und eine Eierspeis herstellen. Eierspeis mit Grammeln in die Mitte des Carpaccios platzieren.

Zwiebeln gefüllt mit Speck und Geflügelleber

ZUTATEN
4 mittelgroße Zwiebeln
8 Scheiben Bauchspeck
300 g Geflügelleber
2 EL Olivenöl
Salz, Pfeffer
50 ml roter Portwein
1 Spritzer Aceto balsamico
3 EL Geflügelfond (siehe S. 60)
1 EL Butter
1 EL gehackte Kräuter (z. B. Petersilie, Oregano, Majoran)
Rucola für die Garnitur

Zwiebeln schälen, mit Speck umwickeln und mit Zahnstochern fixieren. In einen Bräter stellen und im Backrohr bei 190 °C ca. 40 Minuten lang garen. Dabei immer wieder mit Wasser untergießen. Herausnehmen und zu $^2/_3$ aushöhlen. Entnommenen Zwiebelinhalt fein hacken. Ausgehöhlte Zwiebeln warm stellen.
Geflügelleber putzen und in einer Pfanne mit Olivenöl sautieren. Mit Salz und Pfeffer würzen. Mit Portwein und Balsamico ablöschen und mit Geflügelfond auffüllen. Einmal aufkochen, Butter, fein gehackte Zwiebeln und Kräuter einrühren.
Ausgehöhlte, warme Zwiebeln mit der Geflügellebermasse füllen und mit Rucola garnieren.

Kutteln mit Pesto und Paprika

Für das Pesto Petersilie zupfen, blanchieren und mit Eiswasser abschrecken, damit sie die Farbe behält. Basilikum klein schneiden. Knoblauch schälen und grob hacken. In einem kleinen Topf Butter zu brauner Butter erhitzen. Alle Zutaten für das Pesto vermischen und mit der Küchenmaschine oder im Mörser zu einer sämigen Masse verarbeiten.
Kutteln kochen (siehe unten) und in feine Streifen schneiden. Thymianzweig rebeln. Olivenöl mit Zitronensaft, Salz, Pfeffer, Muskatnuss und Thymian in einem Topf erhitzen. Noch heiß die Kutteln damit marinieren und anschließend abkühlen lassen.
Paprika waschen und vierteln. Im Backrohr bei 220 °C Oberhitze so lange braten, bis die Haut Blasen wirft. Herausnehmen, schälen und in Streifen schneiden.
Marinierte Kutteln mit Paprikastreifen und Pesto vermischen.

ZUTATEN
Für das Pesto
1 Bund Petersilie
1 Bund Basilikum
1 Knoblauchzehe
80 g Butter
120 ml Olivenöl
30 g geröstete Pinienkerne
1 EL geriebener Parmesan
Salz, Pfeffer

500 g gekochte Kutteln (siehe unten)
1 Zweig Thymian
250 ml Olivenöl (extra vergine)
Saft von 2 Zitronen
1 Prise Muskatnuss
2 rote Paprika

Kutteln in Tomatensauce mit Kapern

Kutteln gut wässern und abtropfen lassen. In einem Topf Wasser mit Pfefferkörnern, Lorbeerblättern und Wacholderbeeren aufkochen, Kutteln darin weich kochen. Das dauert je nach Stärke 2 bis 3 Stunden. Kutteln herausnehmen und in feine Streifen schneiden.
Schalotten und Knoblauch schälen und fein schneiden. Oliven entsteinen und vierteln. Petersilie fein hacken und Thymian abzupfen.
In einem Topf 2 EL Olivenöl erhitzen, Schalotten und Knoblauch darin anrösten. Tomatenmark einmischen, kurz mitrösten und mit Weißwein ablöschen. Pelati-Tomaten samt Saft zugeben und 10 Minuten lang köcheln lassen. Kapern und Oliven einrühren. Mit Salz und Pfeffer würzen und mit 4 EL Olivenöl abschmecken. Kutteln einmischen und in der Sauce aufwärmen. Zum Schluss gehackte Petersilie und Thymian unterrühren.

ZUTATEN
500 g Kutteln (geputzt)
10 Pfefferkörner
2 Lorbeerblätter
6 Wacholderbeeren
3 Schalotten
1 Knoblauchzehe
10 schwarze Oliven
1 Zweig Petersilie
1 Zweig Thymian
6 EL Olivenöl (extra vergine)
1 KL Tomatenmark
100 ml Weißwein
1 Dose Pelati-Tomaten
à 250 g (gewürfelt)
1 EL Kapern
Salz, Pfeffer

Knusprige Ravioli mit Prosciutto und Spinat

ZUTATEN

Für die Tomatensauce

300 g reife Tomaten
1 Dose Pelati-Tomaten
à 200 g (gewürfelt)
Meersalz
Pfeffer
1 Prise Zucker
3 Schalotten
1 Knoblauchzehe
1 Zweig Thymian
1 Zweig Rosmarin
1 Zweig Basilikum
3 EL Olivenöl

Für die Ravioli

1 Knoblauchzehe
2 Schalotten
150 g Prosciutto
120 g Blattspinat
2 EL Olivenöl
3 EL Tomaten-Concassé
3 EL Tomatensauce
Salz, Pfeffer
Kümmel (gemahlen)
3 Blätter Brickteig
1 Eidotter
500 ml Öl zum Frittieren

Für die Tomatensauce Tomaten grobwürfelig schneiden.
Mit Pelati-Tomaten, Meersalz, Pfeffer und Zucker vermischen und über Nacht marinieren lassen.
Schalotten und Knoblauch schälen und fein schneiden. Thymian und Rosmarin zupfen, Basilikum in feine Streifen schneiden.
In einer Pfanne Olivenöl erhitzen, Schalotten und Knoblauch darin anschwitzen.
Marinierte Tomaten und Kräuter zugeben und 30 Minuten lang köcheln lassen.
Durch ein feines Sieb passieren und mit Olivenöl abschmecken.
Für die Raviolifülle Knoblauch und Schalotten schälen und fein schneiden.
Prosciutto in kleine Würfel schneiden.
Blattspinat putzen und waschen.
In einem Topf Olivenöl erhitzen, Knoblauch und Schalotten darin anrösten.
Prosciuttowürfel zugeben und kurz mitrösten. Spinat, Tomaten-Concassé und Tomatensauce untermischen, mit Salz, Pfeffer und Kümmel würzen.
5 Minuten lang köcheln lassen.
In ein Sieb leeren, um die überschüssige Flüssigkeit zu entfernen und danach im Kühlschrank kalt stellen.
Brickteig in 12 Quadrate schneiden und mit Eidotter bestreichen. Die Fülle darauf verteilen und den Teig jeweils zu einem Dreieck einschlagen.
In einer Pfanne Öl erhitzen und Ravioli darin beidseitig knusprig frittieren.
Herausnehmen, auf Küchenpapier abtropfen lassen und leicht salzen.
Dazu passen Blattsalate oder gegrilltes Gemüse.

Knusprige Blutwurstravioli mit Rotweinzwiebeln

Blutwurst schälen und grob schneiden. Schalotten und Knoblauch ebenfalls schälen und grob schneiden. Mit der Blutwurst in einen Bräter geben und im Backrohr 30 Minuten lang bei 190 °C braten. Dabei öfters durchmischen. Herausnehmen und mit Salz, Pfeffer, Cayennepfeffer, Zimt, Piment und Koriander würzen. Petersilien- und Thymianzweig zugeben. Zur Seite stellen, etwas abkühlen lassen und dann faschieren. Brickteigblätter in 12 Quadrate teilen und mit Eidotter bestreichen. Blutwurstmasse darauf verteilen und jeweils zu einem Dreieck zusammenschlagen.

Für die Rotweinzwiebeln Zwiebeln schälen, halbieren und diese Hälften in Spalten schneiden. Zucker leicht karamellisieren, so dass er noch hellbraun ist, und Zwiebeln einlegen. Mit Portwein und Rotwein ablöschen. Thymian- und Rosmarinzweig zugeben, zudecken und die Zwiebeln ca. 8 Minuten lang weich schmoren. Kräuterzweige herausheben und Rotweinzwiebeln warm stellen.

In einer Pfanne Öl erhitzen, Blutwurstravioli darin knusprig frittieren. Herausnehmen, auf Küchenpapier abtropfen lassen und leicht salzen.

Rotweinzwiebeln auf Tellern anrichten, mit Blutwurstravioli belegen und mit Rucola garnieren.

ZUTATEN

Für die Blutwurstravioli

300 g Blutwurst
2 Schalotten
1 Knoblauchzehe
Salz, Pfeffer
Cayennepfeffer
1 Msp. Zimt
1 Msp. Piment (gemahlen)
1 Msp. Koriander (gemahlen)
1 Zweig Petersilie
1 Zweig Thymian
3 Blätter Brickteig
1 Eidotter
500 ml Öl zum Frittieren
Rucola für die Garnitur

Für die Rotweinzwiebeln

2 kleine rote Zwiebeln
1 KL Zucker
100 ml roter Portwein
100 ml Rotwein
1 Zweig Thymian
1 Zweig Rosmarin

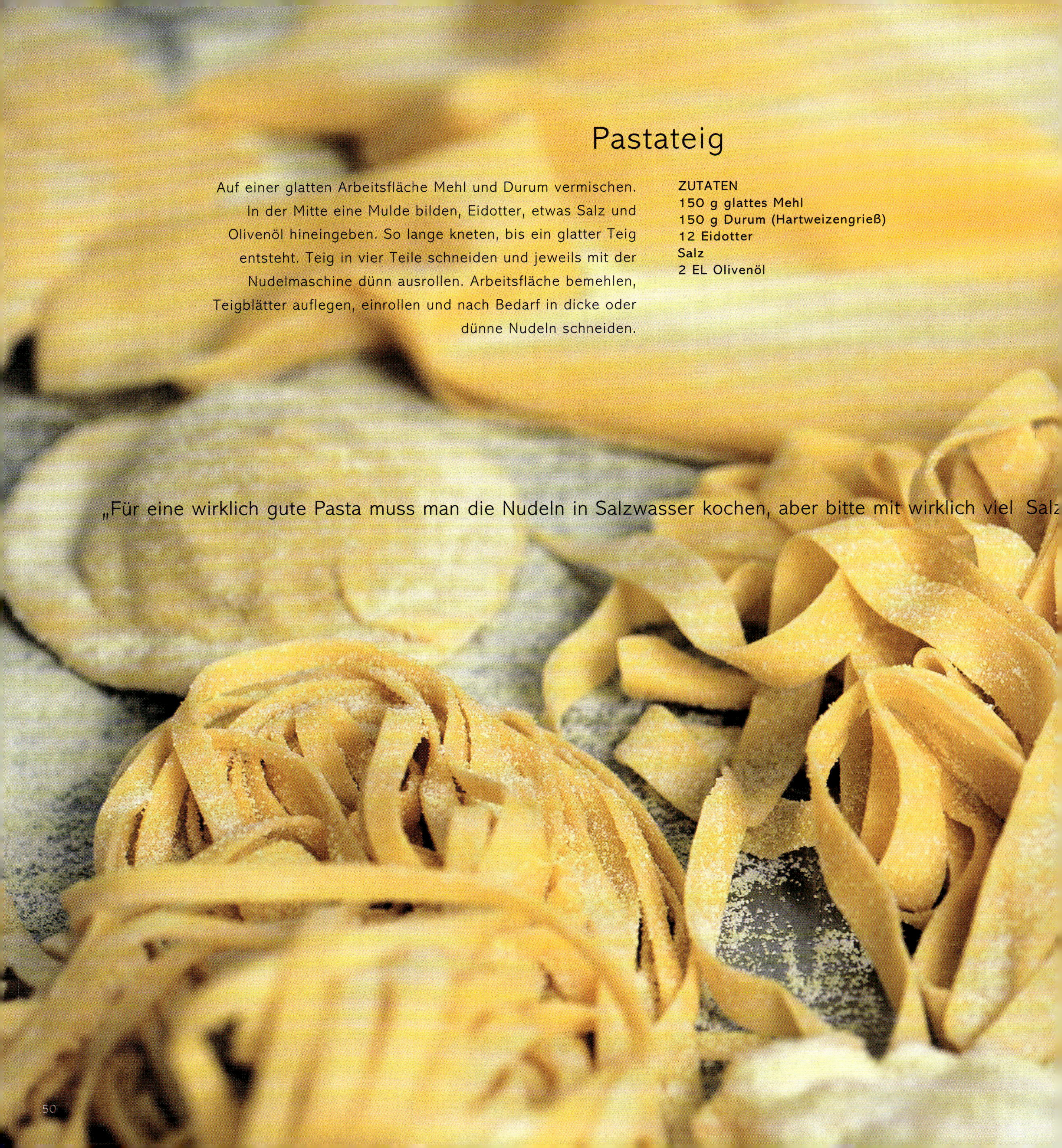

Pastateig

Auf einer glatten Arbeitsfläche Mehl und Durum vermischen. In der Mitte eine Mulde bilden, Eidotter, etwas Salz und Olivenöl hineingeben. So lange kneten, bis ein glatter Teig entsteht. Teig in vier Teile schneiden und jeweils mit der Nudelmaschine dünn ausrollen. Arbeitsfläche bemehlen, Teigblätter auflegen, einrollen und nach Bedarf in dicke oder dünne Nudeln schneiden.

ZUTATEN
150 g glattes Mehl
150 g Durum (Hartweizengrieß)
12 Eidotter
Salz
2 EL Olivenöl

„Für eine wirklich gute Pasta muss man die Nudeln in Salzwasser kochen, aber bitte mit wirklich viel Salz

Dann werden sie abgeseiht und *auf keinen Fall* abgeschreckt! Das Abschrecken ist der Irrtum des Jahrhunderts!“

Penne mit Tomaten, Sardellen, Kapern und Oliven

ZUTATEN
Für die Tomatensauce
2 Schalotten
1 Knoblauchzehe
5 Rispentomaten
3 EL Olivenöl
250 g Pelati-Tomaten
1 Zweig Basilikum
1 Zweig Rosmarin
1 Zweig Thymian
Meersalz
Pfeffer
1 Prise Zucker

320 g Penne
100 g Kirschtomaten
1 Bund Basilikum
6 EL Olivenöl
50 g in Olivenöl eingelegte Sardellen
1 EL Kapern
1 EL schwarze Oliven (entsteint)
250 ml Tomatensauce
Salz, Pfeffer

Für die Tomatensauce Schalotten und Knoblauch schälen und in Scheiben schneiden. Rispentomaten waschen, vom Strunk befreien und sechsteln.
In einem Topf Olivenöl erhitzen, Schalotten und Knoblauch darin rösten. Rispen- und Pelati-Tomaten zugeben, einmal aufkochen und insgesamt ca. 15 Minuten lang köcheln lassen. Nach ca. 10 Minuten die Kräuter zugeben, mit Meersalz, Pfeffer und Zucker würzen. Nach Ende der Kochzeit durch ein feines Sieb passieren. Achtung: Tomatensauce niemals mit dem Mixstab oder Mixer pürieren, da sie sonst bleich wird.
Diese Menge reicht für 250 ml Tomatensauce.
Penne in reichlich Salzwasser al dente kochen und abseihen.
Kirschtomaten waschen und halbieren.
Basilikum in feine Streifen schneiden.
In einer Pfanne 3 EL Olivenöl erhitzen, Kirschtomaten durchschwenken. Sardellen, Kapern und Oliven zugeben, mit Tomatensauce auffüllen und kurz kochen.
Penne mit der Sauce vermischen und Basilikum einrühren. Mit Salz, Pfeffer und 3 EL Olivenöl abschmecken.

Tortelli mit Wildfülle und Ziegenkäsesauce

ZUTATEN
Pasta (siehe S. 50)
1 Eidotter
2 EL Butter
Für die Fülle
300 g Rehfleisch
1 Stange Lauch
3 Schalotten
5 schwarze Pfefferkörner
5 Wacholderbeeren
1 KL Senfkörner
3 EL Olivenöl
1 Zweig Rosmarin
80 g Schafricotta
30 g Parmesan (gerieben)
1 Ei
Salz
Für die Sauce
2 Schalotten
1 EL Butter
100 ml Obers
80 ml Geflügelfond (siehe S. 60)
100 g Ziegenfrischkäse
Salz
Cayennepfeffer

Für die Tortelli Pastateig dünn ausrollen, mit Eidotter bestreichen und in kleine Quadrate (ca. 6 x 6 cm) schneiden.
Für die Fülle Rehfleisch kleinwürfelig schneiden. Den weißen Teil des Lauchs und Schalotten putzen bzw. schälen und fein schneiden. Pfefferkörner, Wacholderbeeren und Senfkörner grob zerstoßen.
In einer Pfanne Olivenöl erhitzen, Rehfleisch mit Lauch, Schalotten, Rosmarinzweig und zerstoßenen Gewürzen darin anbraten. Vom Herd nehmen und abkühlen lassen. Dann mit Schafricotta, Parmesan, Ei, Salz vermischen und im Mixer pürieren.
Fülle auf den Teigquadraten verteilen, diese jeweils zu Dreiecken zusammenklappen und die Ränder fest andrücken.
Für die Sauce Schalotten schälen und fein schneiden. In einem Topf Butter erhitzen, Schalotten darin anschwitzen. Obers und Geflügelfond zugießen, einmal aufkochen und Ziegenkäse darin schmelzen. Durch ein feines Sieb passieren, mit Salz und Cayennepfeffer würzen.
In der Zwischenzeit Tortelli in Salzwasser kochen und abseihen.
In einer Pfanne Butter aufschäumen und Tortelli durchschwenken.
In tiefen Tellern anrichten und mit Ziegenkäsesauce nappieren.

Pasta e Fagioli

ZUTATEN
100 g Rigatoni
4 Schalotten
1 Knoblauchzehe
100 ml Olivenöl
1 KL Tomatenmark
1 Dose braune Bohnen (à 500 g)
100 g Parmesanrinde
100 g Prosciuttoschwarte
1 Zweig Thymian
600 ml Geflügelfond (siehe S. 60)
Salz, Pfeffer
Cayennepfeffer

Rigatoni in reichlich Salzwasser al dente kochen, abseihen und abkühlen lassen. Dann in 1 cm breite Ringe schneiden.
Schalotten und Knoblauch schälen und fein schneiden. In einer Pfanne etwas Olivenöl erhitzen, Schalotten und Knoblauch darin anrösten. Tomatenmark einrühren und mit Bohnen auffüllen. Parmesanrinde, Prosciuttoschwarte und Thymianzweig zugeben und bei mäßiger Hitze ca. 30 Minuten lang kochen. Immer wieder Geflügelfond zugießen, bis eine dickflüssige Konsistenz erreicht ist. Parmesanrinde, Prosciuttoschwarte und Thymianzweig herausnehmen. Rigatoniringe zugeben, durchschwenken und in den Bohnen erwärmen. Mit Salz, Pfeffer, Cayennepfeffer würzen, mit dem restlichen Olivenöl binden und in tiefen Tellern anrichten.

Ravioli mit Parmesan und Ricotta auf Erbsencreme

Für die Fülle Kartoffeln weich kochen, schälen und noch warm durch die Kartoffelpresse passieren. 120 g Butter und 6 Eidotter schaumig schlagen. Mit der Kartoffelmasse, dem Ricotta und dem geriebenen Parmesan vermischen. Mit Salz, Pfeffer und Muskatnuss würzen und glatt rühren. Ausgerollte Pastablätter mit 2 Eidottern bestreichen. Ricotta-Parmesanmasse in einen Dressiersack füllen und auf die Hälfte der Teigblätter dressieren. Die andere Hälfte jeweils darüber klappen und mit den Fingern rund um die Fülle festdrücken. Mit einem runden Ausstecher Ravioli ausstechen.
Für die Erbsencreme 50 g Butter in einem kleinen Topf zu brauner Butter erhitzen und abkühlen lassen. Erbsen blanchieren und in Eiswasser abschrecken, damit sie die Farbe behalten. Salzen, pfeffern und im Mixer mit der Hälfte der braunen Butter zu Püree verarbeiten.
Ravioli in reichlich Salzwasser kochen und abseihen. Den Rest der braunen Butter erwärmen und Ravioli durchschwenken.
Erbsenpüree erwärmen und mit den Ravioli servieren.

ZUTATEN
Pastateig (siehe S. 50)
2 große mehlige Kartoffeln
170 g Butter
8 Eidotter
250 g Ricotta
60 g Parmesan (gerieben)
Salz, Pfeffer
Muskatnuss
150 g Erbsen

Safrantagliolini mit Meeresfrüchten

Pasta herstellen und in schmale Bandnudeln schneiden. Meeresfrüchte waschen, putzen, mit Küchenpapier trocken tupfen und in mundgerechte Stücke schneiden.
In einer großen Pfanne 2 EL Olivenöl erhitzen, Garnelen, Vongole und Sepien darin anbraten. Mit Weißwein ablöschen, Safran dazumischen und kurz reduzieren.
In der Zwischenzeit Tagliolini in reichlich Salzwasser kochen, abseihen und in den Safransud geben. Steinbutt und Wolfsbarsch untermischen, kurz garen, dann mit Butter und 3 EL Olivenöl montieren. Mit Salz, Pfeffer und Zitronensaft würzen und gehackte Petersilie einrühren.

ZUTATEN
280 g hausgemachte Tagliolini (Pasta siehe S. 50)
60 g Garnelen
100 g Vongole
80 g Sepien
60 g Steinbutt
60 g Wolfsbarsch
5 EL Olivenöl
100 ml Weißwein
20 Safranfäden
1 EL Butter
Salz, Pfeffer
1 Spritzer Zitronensaft
1 EL gehackte Petersilie

Pappardelle mit Wildhasenragout und Basilikum

ZUTATEN
240 g hausgemachte Pappardelle (siehe Pasta S. 50)
2 Karotten
2 gelbe Rüben
1 kleine Sellerieknolle
5 Schalotten
1 Knoblauchzehe
6 Wacholderbeeren
$^1/_2$ KL Kümmel
5 Pimentkörner
20 Korianderkörner
10 schwarze Pfefferkörner
1 Zweig Rosmarin
1 Zweig Thymian
1 Bund Basilikum
5 EL Olivenöl
4 Wildhasenkeulen
Salz, Pfeffer
1 EL Tomatenmark
1 EL Preiselbeerkompott
125 ml Rotwein
500 ml Geflügelfond (siehe S. 60)

Pasta herstellen und zu breiten Pappardelle schneiden. Karotten, gelbe Rüben und Sellerie putzen. Schalotten und Knoblauch schälen. Alles grobwürfelig schneiden. Wacholderbeeren, Kümmel, Pimentkörner, Korianderkörner, Pfefferkörner, Rosmarin und Thymian im Mörser zerstoßen. Basilikum in feine Streifen schneiden.
In einem Topf oder Bräter 3 EL Olivenöl erhitzen. Wildhasenkeulen salzen, pfeffern und rundherum anbraten. Herausnehmen und beiseite stellen.
Grob geschnittenes Gemüse im Bratensatz anrösten und Tomatenmark einrühren. Preiselbeeren zugeben und mit Rotwein ablöschen. Die gebratenen Wildhasenkeulen einlegen und die zerstoßenen Kräuter und Gewürze zugeben. Mit Geflügelfond auffüllen, zudecken und ca. 30 bis 40 Minuten lang weich schmoren.
Die Keulen herausnehmen und von den Knochen lösen. Die Sauce durch ein feines Sieb passieren und mit dem Wildhasenfleisch vermischen.
In der Zwischenzeit Pappardelle in Salzwasser kochen, abseihen und in das Ragout mischen. Zum Schluss mit 2 EL Olivenöl abschmecken und Basilikumstreifen einrühren.

Pappardelle mit hausgemachter Salsiccia

ZUTATEN
300 g Schweinsschopf
1 Zweig Thymian
1 EL Fenchelsamen
1 KL Paprikapulver
Salz
schwarzer Pfeffer
2 Lorbeerblätter
7 EL Olivenöl
240 g hausgemachte Pappardelle (siehe Pasta S. 50)
300 ml Rotwein
2 Schalotten
1 Knoblauchzehe
1 EL 'Nduja
1 KL Tomatenmark
100 ml Tomatensauce (siehe S. 53)

Schweinsschopf in Würfel schneiden. Thymian abzupfen. Schweinsschopf und Thymian mit Fenchelsamen, Paprikapulver, Salz, Pfeffer, Lorbeerblättern und 2 EL Olivenöl vermischen und über Nacht marinieren lassen. Dann durch eine grobe Scheibe faschieren.
Pasta herstellen und zu breiten Pappardelle schneiden.
Rotwein aufkochen und auf ein Drittel reduzieren.
Schalotten und Knoblauch schälen und fein schneiden.
In 2 EL Olivenöl anrösten, faschiertes Fleisch und 'Nduja zugeben und ebenfalls anrösten. Tomatenmark einrühren, reduzierten Rotwein und Tomatensauce zugießen und ca. 20 Minuten lang weich dünsten lassen.
In der Zwischenzeit Pappardelle in reichlich Salzwasser kochen. Abseihen und mit der Sauce vermischen.
Zum Schluss mit Salz, Pfeffer und 3 EL Olivenöl abschmecken.

'NDUJA ist eine kalabrische Streichwurst aus faschiertem Schweinefleisch und Chili.

Tagliolini mit geräuchertem Mozzarella und grünem Spargel

Für den Geflügelfond Karkassen in kaltem Wasser wässern und abseihen. In einen Topf geben und zur Gänze mit kaltem Wasser bedecken. Bei kleiner Hitze zum Kochen bringen und dabei immer wieder die Trübstoffe abschöpfen. Staudensellerie, Lauch und Schalotten putzen bzw. schälen und grobwürfelig schneiden. Mit den Gewürzen in den Fond geben, salzen und 1 Stunde leicht köcheln lassen. Dann Geflügelfond durch ein feines Sieb oder Tuch passieren. Dieses Rezept ergibt ca. 1 l Geflügelfond. Achtung: Geflügelfond nicht zu kräftig würzen, da er zumeist zum Aufgießen von Suppen und Saucen eingesetzt wird.

Pasta herstellen und zu dünnen Tagliolini schneiden. In reichlich Salzwasser kochen und abseihen. Mozzarella in Würfel schneiden. Tomate kreuzweise einschneiden, blanchieren und abschrecken. Haut abziehen, vierteln, entkernen und in kleine Würfel schneiden. Spargel putzen und kochen. Dann in 1 cm dicke Scheiben schneiden. Geflügelfond und Butter mit dem Spargel in einer Pfanne aufkochen. Tagliolini zugeben und mit Salz, Pfeffer und Olivenöl abschmecken. Zum Schluss Mozzarella und Tomatenwürfel untermischen.

ZUTATEN

Für den Geflügelfond
1 kg Geflügelkarkasse
1,5 l Wasser
3 Stangen Staudensellerie
1 Stange Lauch
5 Schalotten
10 weiße Pfefferkörner
3 Lorbeerblätter
5 Wacholderbeeren
1 Zweig Thymian
1 Zweig Rosmarin
Salz

320 g hausgemachte Tagliolini
(siehe Pasta S. 50)
150 g geräucherter Mozzarella
1 Tomate
12 Stangen grüner Spargel
100 ml Geflügelfond
30 g Butter
Salz, Pfeffer
3 EL Olivenöl
1 Tomate

Pappardelle mit Oktopus, 'Nduja und Rotwein

ZUTATEN
240 g hausgemachte Pappardelle (siehe Pasta S. 50)
2 Schalotten
4 EL Olivenöl
1 EL 'Nduja
100 ml Tomatensauce (siehe S. 53)
80 ml Rotwein
1 EL Butter
Salz, Pfeffer
1 EL Petersilie (gehackt)
1 Zweig Thymian (gerebelt)

Für den Oktopus
1 Oktopus (à ca. 1 kg)
2 Schalotten
1 Knoblauchzehe
1/2 Lauchstange
2 Stangen von der Staudensellerie
1 Zitrone
2 EL Olivenöl
100 ml Noilly Prat
300 ml Weißwein
10 weiße Pfefferkörner
1 Zweig Thymian
Meersalz
5 Weißweinkorken

Pasta herstellen und zu breiten Pappardelle schneiden. Oktopus mit nebenstehenden Zutaten wie bei Oktopuscarpaccio (siehe S. 19) kochen und in 1 cm breite Stücke teilen. Schalotten schälen und fein schneiden. In einer Pfanne 2 EL Olivenöl erhitzen, Schalotten darin anrösten. 'Nduja untermischen und schmelzen. Oktopusstücke zugeben, mit Tomatensauce und Rotwein ablöschen. Kurz einreduzieren, mit Butter und 2 EL Olivenöl binden. In der Zwischenzeit Pappardelle in reichlich Salzwasser kochen. Abseihen und mit der Sauce vermischen. Salzen, pfeffern und Petersilie sowie Thymian einrühren.

Tagliolini mit Tomaten und gegrillten Melanzani

Pasta herstellen und zu dünnen Tagliolini schneiden. Kirschtomaten waschen und halbieren. Rucola waschen und trocken schleudern. Melanzani waschen und der Länge nach halbieren. Schnittflächen kreuzweise einschneiden, mit 2 EL Olivenöl bestreichen, salzen und pfeffern. Melanzani auf den Schnittflächen in einer Grillpfanne grillen und anschließend im Backrohr bei 180 °C ca. 30 Minuten lang weich garen. Herausnehmen und in 2 cm große Würfel schneiden. Tagliolini in reichlich Salzwasser kochen und abseihen. In einer Pfanne Olivenöl erhitzen, Kirschtomaten durchschwenken und Tomatensauce zugießen. Melanzani und Rucola zugeben, mit Salz, Pfeffer und 2 EL Olivenöl abschmecken. Zum Schluss Tagliolini zugeben und mit der Sauce vermischen.

ZUTATEN

280 g hausgemachte Tagliolini
(siehe Pasta S. 50)
100 g Kirschtomaten
1 Bund Rucola
1 kleine Melanzani
4 EL Olivenöl
Salz, Pfeffer
250 ml Tomatensauce (siehe S. 53)

Rucolasuppe mit Tomatencrostini

ZUTATEN
2 Schalotten
1 Stange Lauch
2 EL Olivenöl
60 ml Weißwein
60 ml Noilly Prat
1 l Geflügelfond (siehe S. 60)
150 ml Obers
Salz, Pfeffer
Muskatnuss
Cayennepfeffer
30 g Butter
100 g Rucola
500 ml Öl zum Frittieren

Für die Tomatencrostini
2 vollreife Tomaten
10 Blatt Basilikum
4 EL Olivenöl
Salz, Pfeffer
1 Prise Zucker
1 EL Balsamico
4 Scheiben Baguette

Für die Rucolasuppe Schalotten schälen und fein schneiden. Lauch putzen und kleinwürfelig schneiden.
In einem Topf Olivenöl erhitzen, Schalotten und Lauch darin sautieren. Weißwein und Noilly Prat zugießen, aufkochen und zur Gänze einreduzieren. Mit Geflügelfond und Obers auffüllen und 20 Minuten lang leicht köcheln lassen. Mit Salz, Pfeffer, Muskatnuss und Cayennepfeffer würzen. Mit dem Pürierstab mixen und Butter einrühren. Nochmals aufmixen, durch ein Sieb passieren und warm stellen.
In der Zwischenzeit Rucola waschen und trocken schleudern. In einer Pfanne Öl erhitzen, Rucola darin kurz frittieren. Herausnehmen und auf Küchenpapier abtropfen lassen. Frittierten Rucola in der Küchenmaschine zu einer feinen Paste verarbeiten. Bei Bedarf etwas Geflügelfond zugießen.
Für die Tomatencrostini Tomaten kreuzweise einschneiden, blanchieren und abschrecken. Haut abziehen, vierteln, entkernen und in kleine Würfel schneiden. Basilikum in feine Streifen schneiden. Tomatenwürfel mit Olivenöl, Salz, Pfeffer, Zucker, Balsamico und Basilikum marinieren.
Baguettescheiben toasten und mit den marinierten Tomaten belegen.
Erst kurz vor dem Anrichten Rucolapaste in die Suppe einrühren, um die grüne Farbe zu erhalten. Mit den Tomatencrostini servieren.

FOTO SIEHE SEITE 66

Venezianische Fischsuppe

Für den Fischfond Karkassen gut in kaltem Wasser wässern und abtrocknen. Zitrone in Scheiben schneiden. Helles Gemüse putzen und grobwürfelig schneiden. Schalotten schälen und klein schneiden. In einem großen Topf Olivenöl erhitzen, Gemüse und Schalotten darin anschwitzen. Mit Weißwein ablöschen, Wasser zugießen, Gewürze und Zitronenscheiben zugeben. Aufkochen und bei kleiner Hitze 20 Minuten lang zu einem Fond köcheln. Dabei immer wieder die Trübstoffe abschöpfen. Fond durch ein feines Sieb leeren und im Kühlschrank kalt stellen.

Für die Fischsuppe Schalotten und Knoblauch schälen und fein schneiden. Fenchel, Staudensellerie und Sellerie putzen und kleinwürfelig schneiden.

In einem großen Topf 3 EL Olivenöl erhitzen, Schalotten, Knoblauch, geschnittenes Gemüse und Thymianzweig darin anschwitzen. Tomatenmark einrühren, kurz anrösten und Paprikapulver untermischen. Noilly Prat, Pernod und Weißwein zugießen, aufkochen und zur Gänze einreduzieren. Dann mit Fischfond und Obers auffüllen, mit Salz, Pfeffer und Cayennepfeffer würzen und 20 Minuten lang köcheln lassen. Suppe mit einem Pürierstab mixen und mit Butter binden. Durch ein feines Sieb passieren.

In der Zwischenzeit Garnelen, Sepien und Rotbarbenfilets putzen, waschen und trocken tupfen. In mundgerechte Stücke schneiden, mit Salz und Pfeffer würzen. In einer Pfanne 2 EL Olivenöl erhitzen, Fischstücke darin anbraten. Herausnehmen, in tiefe Teller legen und mit Suppe begießen.

ZUTATEN

Für den Fischfond

- 500 g Rotbarbenkarkassen
- 1 Zitrone
- 200 g helles Gemüse (Lauch, Fenchel, Staudensellerie)
- 2 Schalotten
- 2 EL Olivenöl
- 200 ml Weißwein
- 1,2 l Wasser
- 10 weiße Pfefferkörner
- 2 Lorbeerblätter
- 1 Zweig Thymian
- Salz

Für die Fischsuppe

- 2 Schalotten
- 1 Knoblauchzehe
- $^1/_2$ Fenchel
- 2 Stangen Staudensellerie
- $^1/_2$ Sellerieknolle
- 5 EL Olivenöl
- 1 Zweig Thymian
- 1 KL Tomatenmark
- 1 EL Paprikapulver
- 60 ml Noilly Prat
- 60 ml Pernod
- 50 ml Weißwein
- 1 l Fischfond
- 150 ml Obers
- Salz, Pfeffer
- Cayennepfeffer
- 50 g Butter
- 4 Garnelen
- 2 Sepien
- 2 Rotbarbenfilets

Safran-Minzerisotto mit Gamberoni

ZUTATEN
Für den Risotto
2 Schalotten
2 EL Olivenöl
200 g Risottoreis
125 ml Weißwein
500 ml Geflügelfond (siehe S. 60)
20 Safranfäden
2 EL Parmesan (gerieben)
30 g kalte Butter
1 kleiner Bund Minzeblätter
1 Tomate
Salz, Pfeffer

8 Gamberoni mit Kopf
2 EL Olivenöl
1 TL gehackte Petersilie

Für den Risotto Schalotten schälen und fein schneiden.
In einem Topf Olivenöl erhitzen, Schalotten darin farblos anschwitzen. Risottoreis zugeben und kurz anrösten. Mit Weißwein ablöschen und einreduzieren. Geflügelfond in einem extra Gefäß erwärmen und nach und nach zum Risottoreis gießen. Safranfäden untermischen und Risotto unter ständigem Rühren kochen. Wenn der Reis kernig ist, Parmesan und kalte Butter einrühren, damit der Risotto eine cremige Konsistenz bekommt.
Minzeblätter fein schneiden. Tomate kreuzweise einschneiden, blanchieren und abschrecken. Haut abziehen, vierteln, entkernen und in kleine Würfel schneiden. Minzeblätter und Tomatenwürfel mit dem Risotto vermischen. Mit Salz und Pfeffer würzen.
Gamberoni der Länge nach halbieren und unter fließendem Kaltwasser gut waschen. Mit Küchenpapier abtrocknen, salzen und pfeffern. In einer Pfanne Olivenöl erhitzen, Gamberoni darin auf den Schnittflächen braten.
Zum Schluss mit Petersilie bestreuen.
Safran-Minzerisotto auf Tellern anrichten und Gamberoni daneben legen.

Kapern-Zitronenrisotto mit Thunfisch in der Pfefferkruste

ZUTATEN
Für den Risotto
2 Schalotten
2 EL Olivenöl
200 g Risottoreis
125 ml Weißwein
500 ml Geflügelfond (siehe S. 60)
Saft und Zeste von
1 kleinen Zitrone
2 EL Kapern
2 EL Parmesan (gerieben)
30 g kalte Butter
Salz, Pfeffer
1 EL gehackte Petersilie

280 g Thunfischfilet
Salz
25 schwarze Pfefferkörner
3 EL Olivenöl

Für den Risotto Zitronenzesten kurz mit heißem Wasser überbrühen. Abseihen und mit dem Zitronensaft vermischen.
Risotto mit nebenstehenden Zutaten wie bei Safran-Minzerisotto (siehe S. 71) herstellen. Kurz bevor der Reis kernig ist, Zitronenzesten mit Saft einmischen, und unter ständigem Rühren weiter köcheln. Dann Kapern, Parmesan und kalte Butter einrühren, damit der Risotto eine cremige Konsistenz bekommt. Mit Salz und Pfeffer würzen und Petersilie untermischen.
Thunfischfilet salzen. Pfefferkörner mit dem Mörser zerstoßen. Thunfischfilet darin rundherum wälzen und leicht andrücken.
In einer Pfanne Olivenöl erhitzen, Thunfisch darin auf allen Seiten kurz anbraten, so dass er in der Mitte noch roh ist. Thunfischfilet in Scheiben schneiden und mit Kapern-Zitronenrisotto servieren.

Rotweinrisotto mit glacierter Entenleber

240 g Entenleber
2 EL Olivenöl
2 EL Kalbsjus (siehe S. 131)
1 KL Butter
1 EL gehackte Kräuter
(Petersilie, Thymian)

ZUTATEN
Für den Risotto
2 Schalotten
2 EL Olivenöl
200 g Risottoreis
120 ml Rotwein
500 ml Geflügelfond (siehe S. 60)
3 EL Parmesan (gerieben)
30 g kalte Butter
100 ml Portwein
Salz, Pfeffer

Risotto mit nebenstehenden Zutaten wie bei Safran-Minzerisotto (siehe S. 71) herstellen, bis er eine cremige Konsistenz hat. In der Zwischenzeit Portwein in einem kleinen Topf erhitzen und auf die Hälfte einreduzieren. In den Risotto mischen, mit Salz und Pfeffer würzen.
Entenleber putzen, salzen und pfeffern. In einer Pfanne Olivenöl erhitzen, Entenleber darin kurz braten. Kalbsjus und Butter zugeben, über die Entenleber ziehen und damit glacieren. Zum Schluss gehackte Petersilie und Thymian einrühren.
Risotto auf Tellern anrichten und glacierte Entenleber darauf platzieren.

Risotto vom Pfefferpecorino und glacierte Kalbsniere

300 g Kalbsniere ohne Fett
2 EL Olivenöl
2 EL Kalbsjus (siehe S. 131)
1 KL Butter
1 KL gehackter Majoran

ZUTATEN
Für den Risotto
2 Schalotten
2 EL Olivenöl
200 g Risottoreis
100 ml Weißwein
500 ml Geflügelfond (siehe S. 60)
1 EL Parmesan (gerieben)
2 EL Pfefferpecorino (gerieben)
30 g kalte Butter
Salz, Pfeffer

Risotto mit nebenstehenden Zutaten wie bei Safran-Minzerisotto (siehe S. 71) herstellen, bis er eine cremige Konsistenz hat. Dabei den Pfefferpecorino gleichzeitig mit dem Parmesan einrühren. Mit Salz und Pfeffer würzen.
Kalbsniere in Scheiben schneiden, salzen und pfeffern. In einer Pfanne Olivenöl erhitzen, Kalbsnierenscheiben darin beidseitig nicht zu lange braten, da sie sonst hart werden. Kalbsjus und Butter zugeben, die Kalbsnierenscheiben überziehen und damit glacieren. Zum Schluss Majoran einrühren.
Risotto in tiefen Tellern anrichten und mit glacierten Kalbsnierenscheiben belegen.

Grapparisotto mit Entenstopfleber

Risotto mit nebenstehenden Zutaten wie bei Safran-Minzerisotto (siehe S. 71) herstellen, bis er eine cremige Konsistenz hat. Dann Grappa und die eingeweichten Rosinen einrühren. Mit Salz und Pfeffer würzen.
Entenstopfleber in 1 cm dicke Scheiben schneiden, mit Meersalz bestreuen und pfeffern. In einer beschichteten Pfanne Olivenöl erhitzen, Rosmarinzweig einlegen und Entenstopfleber darin beidseitig braten. Herausnehmen, auf Küchenpapier legen und trocken tupfen. Grapparisotto in tiefen Tellern anrichten und mit Entenstopfleber belegen.

FOTO SIEHE SEITE 76

ZUTATEN

Für den Risotto
2 Schalotten
2 EL Olivenöl
200 g Risottoreis
70 ml Weißwein
500 ml Geflügelfond (siehe S. 60)
2 EL Parmesan (gerieben)
30 g kalte Butter
60 ml Grappa (gute Qualität)
80 g Rosinen in etwas Grappa eingeweicht
Salz, Pfeffer

160 g Entenstopfleber
Meersalz
1 EL Olivenöl
1 Zweig Rosmarin

Risotto mit Radicchio Treviso und Jakobsmuscheln

Risotto mit nebenstehenden Zutaten wie bei Safran-Minzerisotto (siehe S. 71) herstellen, bis er eine cremige Konsistenz hat.
In der Zwischenzeit Radicchio waschen, trocknen und fein schneiden. In einer Pfanne Zucker leicht (hellbraun) karamellisieren und Radicchio zugeben. Nach und nach Portwein zugießen und immer wieder reduzieren. Mit Salz und Pfeffer würzen und unter den Risotto mischen.
Jakobsmuscheln waschen und mit Küchenpapier trocken tupfen. In einer Pfanne Olivenöl erhitzen, Jakobsmuscheln darin beidseitig kurz anbraten, so dass sie nicht ganz durch sind.
Risotto vom Radicchio Treviso in tiefen Tellern anrichten und mit Jakobsmuscheln belegen.

ZUTATEN

Für den Risotto
2 Schalotten
2 EL Olivenöl
200 g Risottoreis
60 ml Weißwein
500 ml Geflügelfond (siehe S. 60)
2 EL Parmesan (gerieben)
30 g kalte Butter
120 g Radicchio Treviso
1 KL Staubzucker
100 ml roter Portwein
Salz, Pfeffer

12 Jakobsmuscheln à ca. 30 g
2 EL Olivenöl

Rote Rüben-Gnocchi mit Entenragout

ZUTATEN
Für das Entenragout
2 Lorbeerblätter
10 Pfefferkörner
5 Wacholderbeeren
10 Korianderkörner
5 Pimentkörner
1 Zweig Thymian
1 Zweig Rosmarin
1 EL Meersalz
4 Entenkeulen
1 l Entenfett
3 fein geschnittene Schalotten
1 EL Olivenöl
100 ml Kalbsjus (siehe S. 131)
Salz, Pfeffer
1 EL gehackte Petersilie
Für die Gnocchi
Zutaten siehe unten
150 ml Rote Rüben-Saft

Für das Entenragout Gewürze, Kräuter und Meersalz gemeinsam im Mörser zerstoßen. Entenkeulen damit einreiben und 24 Stunden lang marinieren lassen. Dann mit kaltem Wasser abspülen und mit Küchenpapier gut trocken tupfen.

Entenfett in einer Pfanne auf maximal 90 °C erhitzen, Entenkeulen darin ca. 1 $^1/_2$ Stunden langsam weich schmoren. Herausnehmen und das Fleisch von den Knochen lösen.

In der Zwischenzeit Gnocchi wie unten herstellen.

In einer Pfanne Rote Rüben-Saft einreduzieren, Gnocchi darin so lange durchschwenken, bis sie ganz rot gefärbt sind.

Fein geschnittene Schalotten in Olivenöl anrösten. Kalbsjus zugießen, aufkochen und Entenfleisch durchschwenken. Zum Schluss mit Salz und Pfeffer würzen und Petersilie untermischen.

Entenragout in tiefen Tellern anrichten und Gnocchi darauf legen.

Gnocchi mit Pesto und Pecorino

ZUTATEN
Für die Gnocchi
4 große mehlige Kartoffeln
125 g glattes Mehl
1 EL flüssige Butter
2 Eidotter
40 g Durum (Hartweizengrieß)
Salz, Pfeffer
Muskatnuss

3 EL Pesto (siehe S. 41)
60 g Pecorino

Für die Gnocchi Kartoffeln weich kochen und schälen. Noch heiß mit der Kartoffelpresse zerdrücken. Die warme Kartoffelmasse mit den restlichen Zutaten zu einem glatten Teig verarbeiten.

Aus dem Kartoffelteig nussgroße Bällchen drehen und über einen Gabelrücken zu Gnocchi rollen. Für diesen Arbeitsvorgang eventuell die Hände bemehlen.

In einem großen Topf Salzwasser aufkochen, Gnocchi einlegen und so lange kochen, bis sie an der Oberfläche schwimmen. Abseihen und mit kaltem Wasser abschrecken.

In einer Pfanne Pesto erwärmen, Gnocchi zugeben und durchschwenken. Mit Salz und Pfeffer abschmecken.

Gnocchi in tiefen Tellern anrichten und Pecorino darüber hobeln.

RINO

Sepioline im eigenen Sud mit gebratener Polenta

ZUTATEN
Für die Polenta
250 ml Milch
250 ml Geflügelfond (siehe S. 60)
1 Zweig Thymian
1 Zweig Rosmarin
80 g Polenta
120 g Butter
Salz, Pfeffer
2 EL Olivenöl zum Braten

600 g Sepioline (kleine Tintenfischchen)
3 Schalotten
1 Knoblauchzehe
2 Stangen Staudensellerie
1 Tomate
3 EL Olivenöl
200 ml Weißwein
1 KL Sepiatinte
etwas Geflügelfond nach Bedarf (siehe S. 60)
1 EL gehackte Petersilie
1 Zweig Thymian (gehackt)
Cayennepfeffer

Für die Polenta Milch und Geflügelfond in einem Topf aufkochen, Thymian- und Rosmarinzweig darin 5 Minuten lang ziehen lassen. Kräuter aus der Flüssigkeit nehmen und Polenta einrühren. Butter zugeben und unter ständigem Rühren 7 Minuten leicht köcheln lassen. Mit Salz und Pfeffer würzen, in eine Kastenform füllen und im Kühlschrank kalt stellen.
Sepioline unter fließendem Kaltwasser waschen, mit Küchenpapier trocken tupfen und in Streifen schneiden.
Schalotten und Knoblauch schälen und fein schneiden.
Staudensellerie putzen und kleinwürfelig schneiden.
Tomate kreuzweise einschneiden, kurz in heißem Wasser blanchieren und abschrecken.
Schale abziehen, vierteln, entkernen und in kleine Würfel schneiden.
In einer Pfanne Olivenöl erhitzen, Schalotten, Knoblauch und Sellerie darin anschwitzen. Sepioline zugeben und mit Weißwein ablöschen. Sepiatinte zugießen und Sepioline mindestens 40 Minuten lang schmoren, bis sie weich sind. Nach Bedarf etwas Geflügelfond zugießen, zum Schluss sollte der Sud dickflüssig sein.
Dann Tomatenwürfel, Petersilie und Thymian einrühren, mit Salz und Cayennepfeffer abschmecken.
In der Zwischenzeit Polenta aus der Form stürzen und in Scheiben schneiden.
In einer Pfanne Olivenöl erhitzen, Polenta darin beidseitig langsam braten.
Sepioline im Sud auf Tellern anrichten und mit gebratener Polenta servieren.

DER HÖHEPUNKT

In der Küche von *fabios* gibt es eigentlich zwei Höhepunkte: den Mittags- und den Abend-Run. Ab 9 Uhr früh putzen, schneiden und hobeln 12 Jungs zwischen Herdplatten und Backöfen, bereiten die Speisen vor, die wenig später – zack, zack – an die Tische geliefert werden. Auf engem Raum hat jeder seinen Platz, muss jeder Handgriff sitzen, nur die frische Pasta wird einen Stock tiefer an einem eigenen Arbeitsplatz produziert.

Das Kommando in der Küche führt Christoph Brunnhuber, von den Kollegen respektvoll „der Kapitän" tituliert. Ganze 31 Jahre jung, hat Christoph Brunnhuber schon eine bewegte Laufbahn hinter sich.

Nach seinen Lehrjahren bei Manfred Buchinger im Wiener Hotel InterCont bekochte er auf Kreuzfahrtschiffen Karibik-Urlauber, gab Gastspiele in den „3 Husaren" und im Berliner „Adlon" und landete schließlich bei Helmut Österreicher im „Steirereck". Den letzten Schliff holte er sich bei Karl Fleischhaker im Salzburger „Pfefferschiff". Gemeinsam mit Fabio Giacobello fand er schnell die Küchenlinie, die *fabios* so beliebt macht.

Die Speisekarte wird dominiert von mediterranen Gerichten mit stark italienischem Akzent.

Viele davon gelten bereits jetzt schon als Klassiker. So werden zum Beispiel die unterschiedlichsten Variationen von Risotti und Pasta in ihrer Auf- und Zubereitung als die besten der Stadt gehandelt.

„Wir gehen mit unserer Küche zurück zu den Wurzeln der klassisch-mediterranen Küche.

Auf unseren Tellern finden sich Fisch-, Fleisch- und Pastagerichte in ihrer reinsten und ursprünglichsten Form, reduziert auf das Wesentliche: den unvergleichlichen Geschmack der Ingredienzen."

Christoph Brunnhuber

„Italienische Küche ist nicht nur Pizza, Pasta, Pomodori. Italien hat 20 Regionen, und jede hat ihre Spezialitäten. Ob Kutteln, geschmorter Oktopus oder Pasta e Fagioli – puristisch gekocht, mit viel Kräutern und viel Gechmack sind das geniale Gerichte!"

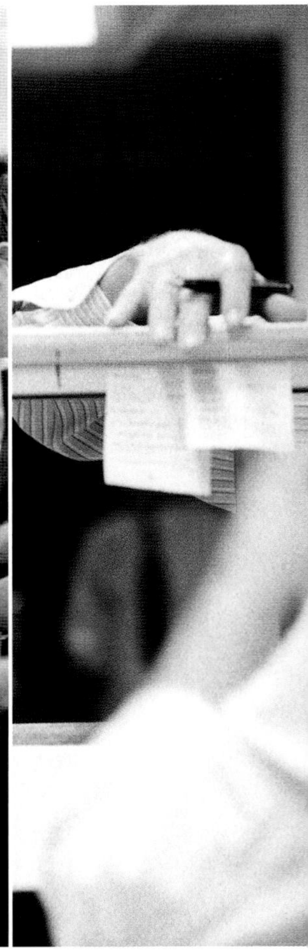

„Niemand will dauernd Hummer, Kaviar und Co. essen. Ich esse gerne Thunfisch, ich esse gerne Fleisch, ich esse gerne ein pa

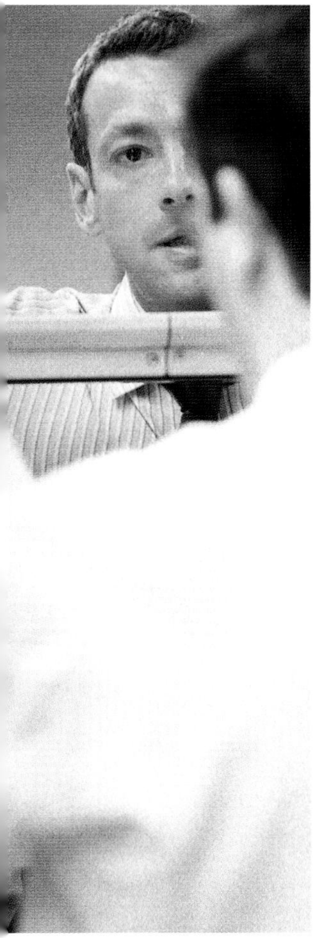

udeln und ich esse gerne Salat. Das ist das tägliche Leben und das spiegelt sich in unseren Rezepten wider."

Rotbarbe im Safran-Vongolefond

Für den Safran-Vongolefond Schalotten schälen und fein schneiden. Lauch, Karotte, Sellerie und Fenchel putzen und alles in gleich große Würfel schneiden.
Tomate kreuzweise einschneiden, kurz blanchieren und abschrecken. Haut abziehen, vierteln, entkernen und ebenfalls in Würfel schneiden.
In einem Topf Olivenöl erhitzen, Schalotten darin anschwitzen. Gemüsewürfel zugeben und mit Weißwein ablöschen. Safranfäden einmischen und mit Geflügelfond auffüllen. Einmal aufkochen und 30 Minuten lang köcheln lassen. Gemüse abseihen und beiseite stellen.
Kartoffel schälen und in den Fond reiben. 15 Minuten lang köcheln lassen, so dass eine leichte Bindung entsteht.
Vongole waschen, in den kochenden Fond geben und so lang ziehen lassen, bis sich die Schalen öffnen. Weich gekochtes Gemüse zugeben, mit Salz und Pfeffer würzen.
Rotbarbenfilets mit Meersalz und Pfeffer bestreuen.
In einer Pfanne Olivenöl erhitzen, Rotbarbenfilets darin auf der Hautseite braten.
Safran-Vongolefond in tiefen Tellern anrichten und mit Rotbarbenfilets belegen.

ZUTATEN
Für den Safran-Vongolefond
2 Schalotten
1 kleine Stange Lauch
1 Karotte
1/2 Sellerieknolle
1/2 Fenchel
1 Tomate
3 EL Olivenöl
100 ml Weißwein
20 Safranfäden
500 ml Geflügelfond (siehe S. 60)
1 kleine Kartoffel
500 g Vongole
Salz, Pfeffer

8 Rotbarbenfilets (à ca. 60 g)
Meersalz, Pfeffer
2 EL Olivenöl

Steinbutt im Ratatouillefond

ZUTATEN
Für den Ratatouillefond
2 rote Paprika
2 gelbe Paprika
1 kleine Zucchini
1 Melanzani
3 Schalotten
1 Knoblauchzehe
3 EL Olivenöl
1 Zweig Thymian
1 Zweig Rosmarin
1 KL Tomatenmark
1 Msp. Paprikapulver
100 ml Weißwein
500 ml Geflügelfond (siehe S. 60)
1 kleine Kartoffel
Meersalz
Pfeffer
Cayennepfeffer

500 g Steinbuttfilet
Salz, Pfeffer
2 EL Butter

Für den Ratatouillefond Paprika, Zucchini und Melanzani waschen.
1 roten, 1 gelben Paprika, Zucchini und Melanzani kleinwürfelig schneiden.
Die Hälfte der Zucchini- und Melanzaniwürfel beiseite stellen.
Schalotten und Knoblauch schälen und in Scheiben schneiden.
In einem Topf 2 EL Olivenöl erhitzen, Schalotten und Knoblauch darin anschwitzen. Paprikawürfel, die Hälfte der Zucchini- und Melanzaniwürfel, Thymian- und Rosmarinzweig zugeben und ca. 5 Minuten mitrösten.
Tomatenmark und Paprikapulver einrühren, mit Weißwein ablöschen und zur Gänze einreduzieren. Dann mit Geflügelfond auffüllen. Kartoffel schälen und hineinreiben. 20 Minuten lang leicht köcheln lassen und durch ein feines Sieb passieren.
Mit Meersalz, Pfeffer und Cayennepfeffer würzen.
In der Zwischenzeit die beiden übrigen Paprika halbieren und entkernen. In eine Pfanne mit etwas Olivenöl setzen und im Backrohr bei 220 °C Oberhitze braten, bis die Haut Blasen bildet. Herausnehmen, schälen und in kleine Würfel schneiden.
In einer Pfanne 1 EL Olivenöl erhitzen, Paprikawürfel mit den restlichen Zucchini- und Melanzaniwürfeln darin sautieren und beiseite stellen.
Steinbuttfilets portionieren, salzen und pfeffern. In einer Pfanne Butter erhitzen, Steinbutt darin langsam beidseitig braten.
Ratatouillefond mit den sautierten Gemüsewürfeln in tiefen Tellern anrichten und den Fisch darauf legen.

Steinbutt im Olivenfond mit Basilikumpüree

Für das Basilikumpüree Kartoffeln weich kochen und schälen. Noch warm durch die Kartoffelpresse drücken. Milch erwärmen und mit der Kartoffelmasse vermischen. Butter einrühren, mit Salz, Pfeffer und Muskatnuss würzen. Einmal kräftig mit dem Schneebesen durchrühren, damit es flaumig wird, und durch ein feines Sieb passieren. Basilikum in feine Streifen schneiden und mit dem Pesto in das Püree einrühren. Falls das Püree zu fest ist, mit etwas warmer Milch verdünnen.

In der Zwischenzeit für den Olivenfond Oliven entsteinen und mit Olivenöl im Mixer pürieren. In einem Topf Geflügelfond und Kalbsjus mit dem Olivenpüree aufkochen. Thymian zugeben, mit Butter binden und mit Salz und Pfeffer würzen.

Steinbuttfilets portionieren, salzen und pfeffern. In einer Pfanne Butter erhitzen, Steinbutt darin langsam beidseitig braten. Basilikumpüree auf Tellern anrichten, Steinbuttfilets darüber legen und mit Olivenfond nappieren.

ZUTATEN

Für das Basilikumpüree
3 große mehlige Kartoffeln
150 ml Milch
60 g Butter (Zimmertemperatur)
Salz, Pfeffer
Muskatnuss
20 Blatt Basilikum
3 EL Pesto (siehe S. 41)

Für den Olivenfond
80 g schwarze Oliven
3 EL Olivenöl
300 ml Geflügelfond (siehe S. 60)
2 EL Kalbsjus (siehe S. 131)
1 Zweig Thymian (gerebelt)
50 g Butter

500 g Steinbuttfilet
Salz, Pfeffer
2 EL Butter

Rochenflügel auf Kartoffelpüree mit Kapern und Pinienkernen

Für das Kartoffelpüree Kartoffeln weich kochen und schälen. Noch warm durch die Kartoffelpresse drücken. Milch erwärmen und mit der Kartoffelmasse vermischen. Butter einrühren, mit Salz, Pfeffer und Muskatnuss würzen. Einmal kräftig mit dem Schneebesen durchrühren, damit es flaumig wird. Durch ein feines Sieb passieren und warm stellen.

Tomate kreuzweise einschneiden, blanchieren und abschrecken. Haut abziehen, vierteln, entkernen und in kleine Würfel schneiden.

Rochenflügelfilets salzen und pfeffern. In einer Pfanne Olivenöl erhitzen, Filets darin beidseitig kurz braten. Achtung: Rochenflügelfilets werden bei zu langem Braten schnell trocken. Aus der Pfanne nehmen und auf vorgewärmte Teller legen.

Im Bratensatz Butter aufschäumen, Tomatenwürfel, Kapern, Pinienkerne und Petersilie einmischen. Mit Salz und Pfeffer abschmecken.

Gebratene Rochenflügel mit Kartoffelpüree auf Tellern anrichten und mit den Aromaten nappieren.

ZUTATEN

Für das Kartoffelpüree

3 große mehlige Kartoffeln
150 ml Milch
60 g Butter (Zimmertemperatur)
Salz, Pfeffer
Muskatnuss

1 Tomate
4 Rochenflügelfilets (à ca. 120 g)
Salz, Pfeffer
2 EL Olivenöl
2 EL Butter
1 EL Kapern
1 EL geröstete Pinienkerne
1 KL gehackte Petersilie

Wolfsbarsch mit geschmortem Tomatenfenchel

Für den Tomatenfenchel Fenchel putzen und halbieren. Vom Strunk befreien und in Spalten schneiden. Fenchelgrün fein hacken und beiseite stellen.
Schalotten schälen und fein schneiden. Lardo oder Bauchspeck kleinwürfelig schneiden.
Tomate kreuzweise einschneiden, blanchieren und abschrecken. Die Haut abziehen, vierteln, entkernen und in kleine Würfel schneiden.
In einer Pfanne 2 EL Olivenöl erhitzen, Fenchelspalten darin beidseitig braten und aus der Pfanne nehmen. Schalotten und Lardo in die Pfanne geben und darin rösten. Mit Weißwein ablöschen und zur Gänze einreduzieren. Geflügelfond zugießen und Tomatenmark einrühren. Thymianzweig einlegen, gebratenen Fenchel zugeben und ca. 15 Minuten lang weich schmoren. Zum Schluss Tomatenwürfel einmischen.
Wolfsbarschfilets auf der Hautseite mehrmals einschneiden, salzen und pfeffern. In einer Pfanne Olivenöl erhitzen, Wolfsbarschfilets darin auf der Hautseite knusprig braten. Wenden, kurz braten und sofort herausnehmen.
Tomatenfenchel mit kalter Butter und 1 EL Olivenöl binden und gehacktes Fenchelgrün einmischen. Auf Tellern anrichten und mit Wolfsbarschfilets belegen.

ZUTATEN
Für den Tomatenfenchel
2 Fenchel
2 Schalotten
50 g Lardo oder Bauchspeck
1 Tomate
3 EL Olivenöl
100 ml Weißwein
300 ml Geflügelfond (siehe S. 60)
1 EL Tomatenmark
1 Zweig Thymian
20 g kalte Butter

8 Wolfsbarschfilets (à ca. 60 g)
Salz, Pfeffer
2 EL Olivenöl

Wolfsbarsch mit Fenchel und Tomatenconfit

Für das Fenchelpüree Fenchel putzen und grobwürfelig schneiden. In einem Topf Olivenöl und Pernod erhitzen. Rosmarinzweig einlegen, mit Salz und Pfeffer würzen. Fenchel zugeben, einmal aufkochen und etwas einreduzieren. Geflügelfond zugießen und Fenchel weich schmoren. Fenchel aus dem Sud nehmen und mit Butter im Mixer zu einem feinen Püree verarbeiten.

Für das Tomatenconfit Schalotten und Knoblauch schälen und fein schneiden. Tomaten kreuzweise einschneiden, blanchieren und abschrecken. Die Haut abziehen, vierteln, entkernen und in kleine Würfel schneiden. Basilikum in feine Streifen schneiden.

In einem Topf 3 EL Olivenöl erhitzen, Schalotten und Knoblauch darin anschwitzen. 2 EL Tomatenwürfel beiseite stellen, die restlichen Tomatenwürfel in den Topf geben. Mit Weißwein ablöschen und bei kleiner Hitze so lang köcheln, bis keine Flüssigkeit mehr vorhanden ist. Salzen, pfeffern und Basilikum untermischen.

Die beiseite gestellten Tomatenwürfel mit 1 EL Olivenöl, Balsamico, Salz und Pfeffer marinieren.

Wolfsbarschfilets auf der Hautseite mehrmals einschneiden, salzen und pfeffern. In einer Pfanne Olivenöl erhitzen, Wolfsbarschfilets darin knusprig braten. Wenden, kurz braten und sofort herausnehmen.

Einen metallenen Ausstecher (ca. 6 cm Durchmesser, ca. 3 cm hoch) auf den Teller setzen. $^{1}/_{3}$ davon mit Tomatenconfit befüllen, den Rest mit Fenchelpüree. Dann Ausstecher entfernen. Wolfsbarschfilets über diesen Sockel legen und marinierte Tomatenwürfel rundherum streuen.

ZUTATEN

Für das Fenchelpüree
1 Fenchel
2 EL Olivenöl
40 ml Pernod
1 Zweig Rosmarin
Salz, Pfeffer
150 ml Geflügelfond (siehe S. 60)
100 g Butter

Für das Tomatenconfit
2 Schalotten
1 Knoblauchzehe
6 reife Tomaten
20 Blatt Basilikum
4 EL Olivenöl
100 ml Weißwein
Salz, Pfeffer
2 EL Balsamico

8 Wolfsbarschfilets (à ca. 60 g)
Salz, Pfeffer
2 EL Olivenöl

Wolfsbarsch auf ligurischem Brotsalat

Weißbrot in 1 cm große Würfel schneiden und toasten.
Paprika waschen, halbieren und vom Kerngehäuse befreien.
In eine Pfanne mit 1 EL Olivenöl setzen und im Backrohr bei 220 °C Oberhitze braten, bis die Haut Blasen bildet.
Herausnehmen, schälen und in Streifen schneiden.
Tomate kreuzweise einschneiden, kurz blanchieren und abschrecken. Die Haut abziehen, vierteln, entkernen und in kleine Würfel schneiden.
Oliven entsteinen und vierteln.
Gurke schälen und halbieren. Die Kerne ausschaben und Gurke in Scheiben schneiden.
Basilikum in feine Streifen schneiden.
Paprika, Tomate, Oliven und Gurke in einer Schüssel vermischen.
Mit Balsamico, Olivenöl extra vergine, Salz, Pfeffer und Basilikum marinieren und beiseite stellen.
Wolfsbarschfilets mit Salz und Pfeffer würzen und die Haut einschneiden. In einer Pfanne 2 EL Olivenöl erhitzen, Wolfsbarschfilets darin auf der Hautseite knusprig braten.
Umdrehen, ganz kurz braten und sofort herausnehmen.
Getoastete Brotwürfel in den Salat mischen, auf Tellern anrichten und mit Wolfsbarschfilets belegen.

ZUTATEN
150 g Weißbrot
1 roter Paprika
1 gelber Paprika
3 EL Olivenöl
1 Tomate
60 g schwarze Oliven
1/2 Gurke
1 Bund Basilikum
80 ml Balsamico (gute Qualität)
3 EL Olivenöl (extra vergine)
Salz, Pfeffer
8 Wolfsbarschfilets (à ca. 60 g)

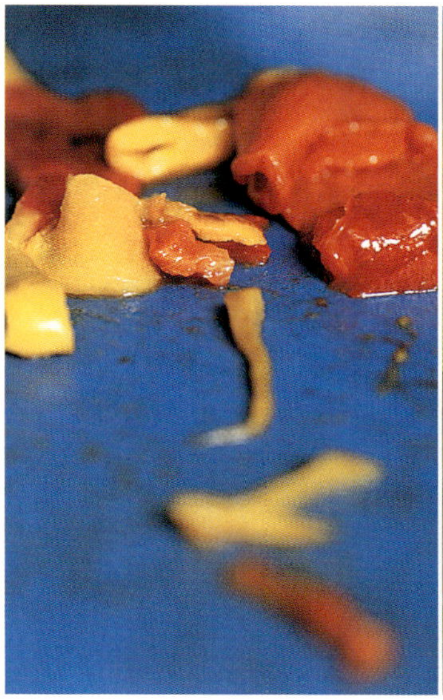

Gegrilltes Schwertfischsteak mit sizilianischer Tapenade

ZUTATEN
4 Schwertfischsteaks à 140 g
250 ml Olivenöl zum Einlegen
Salz, Pfeffer

Für die sizilianische Tapenade
2 Tomaten
80 g schwarze Oliven
Zesten von 1 Zitrone
2 EL Kapern
1 EL gehackte Petersilie
100 ml Olivenöl (extra vergine)

Schwertfischsteaks kurze Zeit in Olivenöl einlegen.
Für die Tapenade Tomaten kreuzweise einschneiden, blanchieren und abschrecken. Die Haut abziehen, vierteln, entkernen und in kleine Würfel schneiden.
Oliven entsteinen und vierteln.
Zitronenzesten mit heißem Wasser überbrühen und abseihen. Mit Tomatenwürfeln, Oliven, Kapern, gehackter Petersilie und Olivenöl vermischen.
Schwertfischsteaks aus dem Olivenöl nehmen, salzen und pfeffern. In einer heißen Grillpfanne beidseitig grillen, so dass sie nicht ganz durch sind, da sie sonst zu trocken werden.
Anrichten und mit sizilianischer Tapenade nappieren. Dazu passen entweder cremige Polenta (siehe S. 111) oder mit Olivenöl und Zitronensaft marinierter Rucola.

Saltimbocca vom Seeteufel mit Kartoffelgröstl und Petersilienfond

ZUTATEN
Für den Petersilienfond
3 Schalotten, 1 kleine Kartoffel
20 g Butter, 2 EL Olivenöl
300 ml Geflügelfond (siehe S. 60)
1 Bund Petersilie
Cayennepfeffer, Muskatnuss

Für das Kartoffelgröstl
12 kleine heurige Kartoffeln
15 Kirschtomaten
1 Bund Basilikum
2 EL Olivenöl, Salz, Pfeffer

8 Seeteufelmedaillons à 60 g
Salz, Pfeffer
8 Salbeiblätter
8 Scheiben Prosciutto
2 EL Olivenöl

Für den Petersilienfond Schalotten und Kartoffel schälen und jeweils in Scheiben schneiden. In einem Topf Butter und Olivenöl erhitzen, Schalotten- und Kartoffelscheiben darin anschwitzen. Geflügelfond zugießen und so lange kochen, bis die Kartoffelscheiben weich sind. Fond durch ein feines Sieb passieren und dabei nicht zu viel von der Kartoffel durchdrücken, da die Konsistenz des Fonds sonst zu dickflüssig wird. Petersilie zupfen, in Salzwasser blanchieren und abschrecken. Im Mixer fein pürieren und beiseite stellen.
Für das Gröstl Kartoffeln kochen, schälen und in Scheiben schneiden. Kirschtomaten waschen und halbieren. Basilikum in feine Streifen schneiden. In einer Pfanne Olivenöl erhitzen, Kartoffelscheiben darin kross braten. Kirschtomaten zugeben, Basilikum einmischen und mit Salz und Pfeffer abschmecken.
In der Zwischenzeit Seeteufelmedaillons salzen und pfeffern. Jeweils mit einem Salbeiblatt belegen und mit einer Prosciuttoscheibe umwickeln. In einer Pfanne Olivenöl erhitzen, Saltimbocca vom Seeteufel darin ca. 3 bis 4 Minuten lang beidseitig braten.
Saltimbocca vom Seeteufel mit Kartoffelgröstl auf vorgewärmten Tellern anrichten.
Fond erhitzen und mit Salz, Cayennepfeffer und Muskatnuss würzen. Ganz zum Schluss Petersilienpüree einrühren und dazu servieren.

Sankt Petersfisch auf mediterranem Couscous

Für den mediterranen Couscous Paprika waschen, halbieren und entkernen. In eine Pfanne mit etwas Olivenöl setzen und im Backrohr bei 220 °C Oberhitze braten, bis die Haut Blasen bildet. Herausnehmen, schälen und in kleine Würfel schneiden. Zucchini und Melanzani waschen und ebenfalls kleinwürfelig schneiden.
In einem Topf Olivenöl erhitzen, Gemüsewürfel darin anschwitzen. Kapern zugeben und mit Geflügelfond auffüllen. Couscous einmischen, einmal aufquellen lassen, vom Herd nehmen und zugedeckt 20 Minuten lang ziehen lassen. Dann Butter, Thymian, Petersilie, Salz, Pfeffer und Cayennepfeffer einrühren.
In der Zwischenzeit Fischfilets salzen und pfeffern. In einer Pfanne Olivenöl mit Butter erhitzen, Fischfilets darin braten.
Mediterranen Couscous auf Tellern anrichten und Sankt Petersfisch darüber legen.

ZUTATEN
Für den mediterranen Couscous
1 roter Paprika, 1 gelber Paprika
3 EL Olivenöl, 1 Zucchini
1 kleine Melanzani, 20 Kapern
125 ml Geflügelfond (siehe S. 60)
120 g Couscous, 1 EL Butter
1 Zweig Thymian (gerebelt)
1 EL gehackte Petersilie
Salz, Pfeffer, Cayennepfeffer

8 Filets vom Sankt Petersfisch
(à ca. 60 g), Salz, Pfeffer
1 EL Olivenöl
1 EL Butter

Thunfisch mit Gewürzkruste, grünem Spargel und Sojadressing

Für das Sojadressing Sojasauce, Wasabipulver, Mangosirup, Ingwer, Balsamico und Reisweinessig mit dem Mixer oder einem Pürierstab durchmixen. Mit Zucker, Salz und Pfeffer würzen. Dann langsam nach und nach Olivenöl und Sesamöl zugießen und so lange aufschlagen, bis eine sämige Konsistenz entsteht.
Spargel putzen und in Salzwasser kochen. Kalt abschrecken und beiseite stellen.
Für die Gewürzkruste schwarze Pfefferkörner zerstoßen und Haselnüsse fein hacken. Mit Sesam und Korianderkörnern vermischen.
Thunfischsteaks salzen und auf einer Seite mit Eidotter bestreichen. Die bestrichene Seite in die Gewürzmischung tauchen und leicht andrücken.
In einer Pfanne Olivenöl erhitzen. Thunfisch darin auf der Gewürzseite kurz anbraten, wenden und gerade so lange braten, dass er in der Mitte noch roh ist.
In der Zwischenzeit Geflügelfond mit Butter erhitzen, Spargel einlegen und erwärmen.
Auf Tellern anrichten und mit dem Sojadressing nappieren. Thunfisch in fingerdicke Scheiben schneiden und über den Spargel legen.

FOTO SIEHE SEITE 105

ZUTATEN
Für das Sojadressing
80 ml Sojasauce
1 KL Wasabipulver
3 EL Mangosirup
1 Msp. gehackter Ingwer
1 EL Balsamico
2 EL Reisweinessig
1 Prise Zucker, Salz, Pfeffer
50 ml Olivenöl, 50 ml Sesamöl

12 Stangen grüner Spargel
1 KL schwarze Pfefferkörner
50 g Haselnüsse
30 g Sesam
20 g Korianderkörner
4 Thunfischsteaks (à 150 g)
Salz
1 Eidotter
3 EL Olivenöl
100 ml Geflügelfond (siehe S. 60)
1 EL Butter

BLANCO

Kabeljaufilet gebraten mit Bärlauchpolenta und Tomaten

Einige Bärlauchblätter für den Fisch in Streifen schneiden und beiseite stellen. Für die Polenta den restlichen Bärlauch blanchieren, mit kaltem Wasser abschrecken und im Mixer fein pürieren. Milch und Geflügelfond aufkochen, Butter und Polenta einmischen und unter ständigem Rühren 7 Minuten lang köcheln lassen. Salzen, pfeffern und Bärlauchpaste einrühren. Bei Bedarf noch etwas Geflügelfond zugießen. In der Zwischenzeit Tomate kreuzweise einschneiden, blanchieren und abschrecken. Enthäuten, vierteln, von den Kernen befreien und kleinwürfelig schneiden. Kabeljaufilets salzen und pfeffern. In einer Pfanne Olivenöl erhitzen, Kabeljaufilets darin auf der Hautseite braten. Tomatenwürfel und Bärlauchstreifen zugeben. Kabeljaufilets wenden, ganz kurz braten und sofort herausnehmen. Bärlauchpolenta auf Tellern anrichten, Kabeljaufilets dazulegen und mit Tomaten und Bärlauch nappieren.

ZUTATEN
Für die Polenta
1 Bund Bärlauch
250 ml Milch
250 ml Geflügelfond (siehe S. 60)
125 g Butter
60 g Polenta
Salz, Pfeffer

1 Tomate
4 Kabeljaufilets mit Haut (à ca. 120 g)
Salz, Pfeffer
2 EL Olivenöl

Filet von der Dorade mit Pancetta, Artischocken und Rosinen

Die äußeren Blätter des Mangolds entfernen. Den Rest in Streifen schneiden, waschen und abtrocknen. Artischocken vom Strunk befreien und den Boden sofort mit Zitronensaft einreiben, damit er sich nicht braun verfärbt. Die oberen $^2/_3$ der Blätter mit einem scharfen Messer abschneiden. Die verbleibenden Blätter mit einem Messer entfernen und so den Boden komplett freilegen. Das ungenießbare Heu am besten mit einem Kugelausstecher herausschaben. Artischockenböden sofort in Zitronenwasser legen. In einer Pfanne 2 EL Olivenöl erhitzen, Artischockenböden darin ansautieren. Weißwein und Geflügelfond zugießen, Thymianzweig, Lorbeerblatt und Pfefferkörner einlegen und Artischockenböden weich kochen. Herausnehmen und in Streifen schneiden. Pancetta kleinwürfelig schneiden. In einer Pfanne 2 EL Olivenöl erhitzen, Pancetta und Artischockenstreifen darin braten. Mangold und Rosinen zugeben, mit Salz und Pfeffer würzen. Mit Butter binden und nach Bedarf etwas Geflügelfond zugießen. Doradenfilets auf der Hautseite einschneiden, salzen und pfeffern. In einer Pfanne 2 EL Olivenöl erhitzen, Doradenfilets darin auf der Hautseite kross braten. Wenden, ganz kurz braten und sofort herausnehmen. Gemüse auf Tellern anrichten und Doradenfilets darüber legen.

ZUTATEN
1 Mangold
4 Artischocken
1 Zitrone
6 EL Olivenöl
50 ml Weißwein
150 ml Geflügelfond (siehe S. 60)
1 Zweig Thymian
1 Lorbeerblatt
6 Pfefferkörner
60 g Pancetta
1 EL Rosinen (in Wasser eingeweicht)
Salz, Pfeffer
1 EL Butter
4 Doradenfilets à 130 g

PANCETTA ist ein durchzogener Bauchspeck, entweder geräuchert oder ungeräuchert.

Lasagne mit Jakobsmuscheln, Spargel und Spinat

Spargel schälen, in Salzwasser kochen und in Eiswasser abschrecken. Blattspinat putzen und waschen. Pastateig dünn ausrollen und in 8 Quadrate schneiden. Pastablätter in reichlich Salzwasser kochen. Jakobsmuscheln putzen, waschen und trocken tupfen. Mit Salz und Pfeffer würzen. In einer Pfanne Olivenöl erhitzen, Jakobsmuscheln darin beidseitig braten. Herausnehmen und warm stellen.
Butter zu brauner Butter erhitzen. Spinat darin sautieren, salzen und herausnehmen. Danach Spargel und Pastablätter jeweils extra darin sautieren. $^{2}/_{3}$ der Jakobsmuscheln quer halbieren, damit sie dünner werden.
Dann auf Tellern in dieser Reihenfolge übereinander schichten: Spinat, halbierte Jakobsmuscheln, ein Pastablatt, halbierte Jakobsmuscheln, ein Pastablatt, Spargel, eine ganze Jakobsmuschel. Mit aufgeschäumter Hummersauce garnieren.

ZUTATEN
12 Stangen grüner Spargel
100 g Blattspinat
8 Pastablätter (siehe Pasta S. 50)
500 g Jakobsmuscheln
Salz, Pfeffer
2 EL Olivenöl
1 EL Butter
150 ml Hummersauce (siehe Hummercappuccino S. 31)

Oktopusgröstl

Oktopus putzen und mit kaltem Wasser abspülen.
Schalotten und Knoblauch schälen, Lauch und Staudensellerie putzen und alles grobwürfelig schneiden.
Zitrone in Scheiben schneiden.
In einem größeren Topf Olivenöl erhitzen, Gemüse darin anschwitzen und mit Noilly Prat und Weißwein ablöschen.
Oktopus zugeben und so viel Wasser zugießen, dass er knapp bedeckt ist. Gewürze, Zitronenscheiben und Weißweinkorken in die Flüssigkeit geben, einmal aufkochen und den Oktopus bei kleiner Hitze weich kochen (mindestens 1 $^{1}/_{2}$ Stunden).
Oktopus aus dem Sud nehmen, leicht überkühlen lassen und in mundgerechte Stücke schneiden.
In der Zwischenzeit Kartoffeln kochen, schälen und in Scheiben schneiden.
Tomate kreuzweise einschneiden, blanchieren und enthäuten.
Vierteln, entkernen und kleinwürfelig schneiden.
Basilikum abzupfen und Blätter in feine Streifen schneiden.
In einer Pfanne Olivenöl erhitzen, Kartoffelscheiben darin kross braten. Oktopus, Tomatenwürfel und Basilikum zugeben und kurz mitbraten. Mit Salz, Pfeffer und Zitronensaft abschmecken.

ZUTATEN

1 Oktopus (à ca. 1 kg)
2 Schalotten
1 Knoblauchzehe
$^{1}/_{2}$ Lauchstange
2 Stangen vom Staudensellerie
1 Zitrone
2 EL Olivenöl
100 ml Noilly Prat
300 ml Weißwein
10 weiße Pfefferkörner
1 Zweig Thymian
Meersalz
5 Weißweinkorken

300 g heurige Kartoffeln
(ca. 20 kleine)
1 Tomate
1 Bund Basilikum
2 EL Olivenöl
Salz, Pfeffer
1 Spritzer Zitronensaft

Geschmorter Oktopus auf Kartoffelpüree

ZUTATEN
1 Oktopus (à ca. 1 kg)
1 Karotte
1 gelbe Rübe
1/2 Sellerieknolle
1 Stange Lauch
3 Schalotten
6 EL Olivenöl
1 EL Tomatenmark
150 ml Rotwein
1 l Geflügelfond (siehe S. 60)
10 Wacholderbeeren
10 Pfefferkörner
1 Zweig Thymian
Salz, Pfeffer

Für das Kartoffelpüree
3 große mehlige Kartoffeln
150 ml Milch
60 g Butter (Zimmertemperatur)
Salz, Pfeffer
Muskatnuss

Oktopus putzen und unter fließendem Kaltwasser gut waschen. Mit Küchenpapier trocken tupfen und die Fangarme abtrennen. Gemüse und Schalotten putzen bzw. schälen und grob schneiden. In einem großen Topf 3 EL Olivenöl erhitzen, Gemüse und Schalotten darin anrösten. Tomatenmark einrühren, Rotwein zugießen und zur Gänze einreduzieren. Dann mit Geflügelfond auffüllen und Wacholderbeeren, Pfefferkörner und Thymianzweig zugeben. Oktopusfangarme einlegen, so dass sie knapp bedeckt sind. Bei Bedarf etwas Wasser zugießen.
Oktopus ca. 1 1/2 Stunden lang weich schmoren.
In der Zwischenzeit für das Kartoffelpüree Kartoffeln weich kochen und schälen. Noch warm durch die Kartoffelpresse drücken.
Milch erwärmen und mit der Kartoffelmasse vermischen. Butter einrühren, mit Salz, Pfeffer und Muskatnuss würzen. Einmal kräftig mit dem Schneebesen durchrühren, damit es flaumig wird. Durch ein feines Sieb passieren und warm stellen.
Geschmorten Oktopus aus dem Fond nehmen und beiseite stellen. Fond durch ein feines Sieb passieren, salzen, pfeffern und mit 3 EL Olivenöl binden.
Kartoffelpüree auf Tellern anrichten, Oktopus darauf legen und den Fond darüber gießen.

Perlhuhnbrust mit Avocadocreme und Balsamico

Für die Balsamicoreduktion Balsamico, Apfelsaft und Zucker in einem Topf bei kleiner Hitze so lange einreduzieren, bis eine dickflüssige Konsistenz entsteht. Vom Herd nehmen, erkalten lassen und erst dann das Walnussöl einrühren.
1 Avocado schälen, halbieren und den Kern entfernen. Im Mixer mit Mascarpone, Salz, Cayennepfeffer und 2 EL Olivenöl zu einem glatten Püree verarbeiten.
Perlhuhnbrüste salzen und pfeffern. In einer Pfanne 3 EL Olivenöl erhitzen, Perlhuhnbrüste darin auf der Hautseite braten. Wenden und nochmals kurz anbraten. Für ca. 3 Minuten bei 180 °C ins Backrohr schieben.
Die 2. Avocado schälen, entkernen und in Scheiben schneiden. In einer Pfanne 2 EL Olivenöl erhitzen, Avocadoscheiben darin sautieren und mit Petersilie bestreuen.
Avocadopüree unter ständigem Rühren erwärmen. Perlhuhnbrüste aus dem Rohr nehmen und aufschneiden. Avocadopüree und -scheiben auf Tellern anrichten, mit Balsamicoreduktion überziehen und Perlhuhnbrüste darauf legen.

ZUTATEN

Für die Balsamicoreduktion
250 ml Balsamico
125 ml naturtrüber Apfelsaft
100 g Zucker
1 EL Walnussöl

2 Avocados
1 EL Mascarpone
Salz
Cayennepfeffer
7 EL Olivenöl
4 Perlhuhnbrüste mit Knochen
Pfeffer
1 KL gehackte Petersilie

Perlhuhnbrust auf Salbeipolenta, Wacholder und eingelegter Zitrone

Für die eingelegte Zitrone diese gut waschen und mit einer Gabel mehrmals einstechen. Geflügelfond mit Thymianzweig und Wacholderbeeren in einen Topf geben, Zitrone darin weich kochen. Das dauert ca. 20 Minuten. Vom Herd nehmen, im Fond auskühlen lassen und über Nacht in den Kühlschrank stellen.
Für die Polenta Milch und Geflügelfond aufkochen. Salbeiblätter abzupfen und beiseite stellen. Salbeistängel zugeben, einmal aufkochen und ca. 10 Minuten ziehen lassen. Herausnehmen, Butter und Polenta einmischen und unter ständigem Rühren 7 Minuten lang köcheln. Mit Salz und Pfeffer würzen, zudecken und warm stellen.
Perlhuhnbrüste salzen. In einer Pfanne 1 EL Olivenöl erhitzen, Perlhuhnbrüste darin auf der Hautseite braten. Wenden, nochmals kurz anbraten und für 3 Minuten bei 180 °C ins Backrohr schieben. Herausnehmen, auf vorgewärmte Teller legen und mit Alufolie bedecken.
Eingelegte Zitrone sechsteln und mit etwas Zitronenfond in den Bratensatz geben. Wacholderbeeren zugeben, reduzieren und mit 2 EL Olivenöl binden.
In einer Pfanne Öl erhitzen, Salbeiblätter darin kurz frittieren. Herausheben und auf Küchenpapier abtropfen lassen.
Perlhuhnbrüste in Scheiben schneiden und auf der Polenta anrichten. Mit Sauce nappieren, mit Zitronenspalten und frittierten Salbeiblättern garnieren.

ZUTATEN

Für die eingelegte Zitrone
1 Zitrone
200 ml Geflügelfond (siehe S. 60)
1 Zweig Thymian
10 Wacholderbeeren (zerstoßen)

Für die Polenta
250 ml Milch
250 ml Geflügelfond (siehe S. 60)
1 Bund Salbei
125 g Butter
60 g Polenta
Salz, Pfeffer

4 Perlhuhnbrüste mit Knochen
Salz
3 EL Olivenöl
6 Wacholderbeeren
250 ml Öl zum Frittieren der Salbeiblätter

Maishühnerbrust mit Puntalette, Erbsen und Estragonjus

ZUTATEN
Für die Puntalette
2 Schalotten
2 EL Olivenöl
200 g Puntalette
50 ml Weißwein
600 ml Geflügelfond (siehe S. 60)
50 g Butter
30 g Parmesan (gerieben)

4 Maishühnerbrüste
Salz, Pfeffer
2 EL Olivenöl
150 g frische Erbsen
1 EL Butter
200 ml Kalbsjus (siehe S. 131)
1 Bund Estragon

Für die Puntalette Schalotten schälen und fein schneiden.
In einem Topf Olivenöl erhitzen, Schalotten darin ansautieren.
Puntalette zugeben, mit Weißwein ablöschen und reduzieren.
Geflügelfond zugießen und Puntalette unter ständigem Rühren weich kochen.
In der Zwischenzeit Maishühnerbrüste salzen und pfeffern.
In einer Pfanne Olivenöl erhitzen, Maishühnerbrüste darin auf der Hautseite braten. Wenden und nochmals kurz anbraten.
Dann für 3 Minuten bei 180 °C ins Backrohr stellen.
Herausnehmen und in Alufolie warm halten.
Butter und Parmesan in die weich gekochten Puntalette einrühren, salzen, pfeffern und warm stellen.
Erbsen blanchieren und in Eiswasser abschrecken.
Butter zergehen lassen und Erbsen durchschwenken.
In den Bratensatz der Maishühnerbrüste Kalbsjus gießen, reduzieren und Estragonblätter zugeben.
Puntalette und Erbsen auf Tellern anrichten. Maishühnerbrüste tranchieren, darauf legen und mit dem Jus beträufeln.

PUNTALETTE ist eine winzige, reisförmige Pasta.

Involtini vom Rindsfilet mit Ricotta, Feigen und Schwarzwurzel

Frische Feigen waschen und halbieren. In einem Topf Portwein mit der Zimtstange aufkochen, über die Feigen gießen und über Nacht ziehen lassen.
Getrocknete Feigen fein hacken und mit Ricotta vermischen.
Rindsfilets auf einem Brett auflegen und mit Klarsichtfolie bedecken. Mithilfe einer schweren Pfanne oder eines Plattiereisens klopfen. Mit Salz und Pfeffer würzen.
Jeweils mit der Feigen-Ricottamasse bestreichen, einrollen und mit einem Zahnstocher fixieren.
Schwarzwurzeln schälen und in mit Wasser verdünnte Milch legen, damit sie nicht braun werden. In Streifen schneiden und blanchieren.
In einer Pfanne Olivenöl erhitzen, Involtini (Rouladen) darin rundherum anbraten. Dann 2 Minuten lang bei 180 °C ins Backrohr stellen.
Geflügelfond mit Butter aufkochen, Schwarzwurzeln zugeben und Petersilie einrühren.
Feigen in Portwein sowie Kalbsjus jeweils extra erwärmen.
Schwarzwurzeln auf Tellern anrichten, mit Involtini belegen und mit Kalbsjus nappieren, Feigen in Portwein dazu legen.

ZUTATEN
2 frische Feigen
150 ml roter Portwein
1 kleine Zimtstange
2 getrocknete Feigen
80 g Ricotta
8 Rindsfilets (à ca. 70 g)
Salz, Pfeffer
250 g Schwarzwurzel
200 ml Milch
3 EL Olivenöl
50 ml Geflügelfond (siehe S. 60)
1 EL Butter
1 EL gehackte Petersilie
150 ml Kalbsjus (siehe S. 131)

Lasagne vom Rindsfilet mit gegrilltem Gemüse

Paprika waschen, halbieren und entkernen. In eine Pfanne mit 2 EL Olivenöl setzen und im Backrohr bei 220 °C Oberhitze braten, bis die Haut Blasen bildet. Herausnehmen, schälen und nochmals halbieren.
Zucchini und Melanzani waschen und in Scheiben schneiden. In einer Pfanne 3 EL Olivenöl erhitzen, Paprika, Zucchini und Melanzani darin braten. Zum Schluss gehackte Kräuter einmischen.
Pastablätter in 5 x 5 cm große Quadrate schneiden und in reichlich Salzwasser kochen. In einer Pfanne Butter zu brauner Butter erhitzen und die Pastablätter durchschwenken.
Rindsfilets mit Salz und Pfeffer würzen. In einer Pfanne 2 EL Olivenöl erhitzen, Rindsfilets darin beidseitig kurz anbraten. Pastablätter, Rindsfilets und Gemüse auf Tellern abwechselnd übereinander schichten. Kalbsjus erwärmen und über die Lasagne gießen.

ZUTATEN
1 roter Paprika
1 gelber Paprika
7 EL Olivenöl
1 kleine Zucchini
1 Babymelanzani
1 KL gehackte Kräuter (Thymian, Rosmarin)
8 Blätter Pasta (siehe S. 50)
Salz
1 EL Butter
12 Scheiben Rindsfilet (à ca. 40 g)
Pfeffer
150 ml Kalbsjus (siehe S. 131)

Straccetti vom Kalbsfilet mit gebackenem Spargel

Für den Kalbsjus Knochen in einem Bräter mit Olivenöl bei 150 °C im Backrohr 1 Stunde lang rösten und dabei öfters wenden.
In der Zwischenzeit Karotten, gelbe Rüben, Sellerie, Lauch und Schalotten putzen bzw. schälen und grobwürfelig schneiden. Zu den Knochen geben und weitere 30 Minuten lang im Backrohr rösten. Dann Tomatenmark einrühren, mit Weißwein ablöschen und zur Gänze einreduzieren.
Tomate waschen, vierteln und zugeben.
Kartoffel schälen, reiben und untermischen. Mit Wasser auffüllen, einmal aufkochen und abschäumen. Gewürze zugeben und 2 Stunden lang leicht köcheln lassen.
Kalbsjus durch ein Tuch passieren und nochmals einreduzieren. Zum Schluss mit Salz und Pfeffer abschmecken und mit Butter binden. Das ergibt ca. 500 ml Kalbsjus.
Spargel schälen und in Wasser mit Butter, Zucker, etwas Salz und Zitronensaft kochen. Herausnehmen und auf Küchenpapier abtrocknen. In Ei, Mehl, Brösel und Parmesan panieren.
In einer Pfanne Öl erhitzen, Spargel darin herausbacken und gut abtropfen lassen.
In der Zwischenzeit Tomate kreuzweise einschneiden, kurz blanchieren und abschrecken. Haut abziehen, vierteln, entkernen und in kleine Würfel schneiden.
Kalbsfiletscheiben salzen und pfeffern. In einer Pfanne Olivenöl erhitzen, Filetscheiben darin beidseitig braten. Herausnehmen und im Bratensatz Tomatenwürfel mit Petersilie durchschwenken.
Gebackenen Spargel auf Tellern verteilen, mit Kalbsfilet belegen und mit Tomatenwürfeln und erwärmtem Kalbsjus nappieren.

ZUTATEN
Für den Kalbsjus
1,5 kg Kalbfleischknochen (klein gehackt)
3 EL Olivenöl
2 Karotten
2 gelbe Rüben
$^{1}/_{2}$ Sellerieknolle
1 Stange Lauch
5 Schalotten
1 KL Tomatenmark
100 ml Weißwein
1 Tomate
1 mehlige Kartoffel
2 l Wasser
2 Lorbeerblätter
1 Zweig Thymian
1 Zweig Rosmarin
10 Pfefferkörner
Salz, Pfeffer
1 EL Butter

8 Stangen weißer Spargel
1 EL Butter
1 KL Zucker
Salz
Saft von 1 Zitrone
1 Ei
100 g Mehl
70 g Brösel
30 g Parmesan (gerieben)
500 ml Öl zum Herausbacken
1 Tomate
12 Scheiben Kalbsfilet (à ca. 40 g)
Pfeffer
3 EL Olivenöl
1 EL gehackte Petersilie
150 ml Kalbsjus

Ochsenbackerl in Olivenöl geschmort

Gemüse, Schalotten und Knoblauch putzen bzw. schälen und grobwürfelig schneiden. Ochsenbackerl von Haut und Sehnen befreien, mit Salz und Pfeffer würzen.
In einem Bräter 3 EL Olivenöl erhitzen, Ochsenbackerl darin rundherum braten. Herausnehmen und beiseite stellen. Grob geschnittenes Gemüse, Schalotten und Knoblauch in den Bratensatz geben und rösten. Tomatenmark, Wasabi und Butter einrühren. Mit Balsamico und Rotwein ablöschen und zur Gänze einreduzieren. Geflügelfond zugießen und Ochsenbackerl einlegen. Rosmarin- und Thymianzweig, Lorbeerblätter, Wacholderbeeren und Pfefferkörner zugeben und ca. 40 Minuten lang schmoren, so dass die Ochsenbackerl noch Biss haben. Ochsenbackerl aus dem Fond nehmen und diesen beiseite stellen.
In einem Topf das restliche Olivenöl auf 80 °C erhitzen, Ochsenbackerl einlegen und bei gleichmäßiger Hitze weich dünsten. Fond durch ein feines Sieb passieren. Salzen, pfeffern und mit 3 EL vom Olivenöl, in dem die Ochsenbackerl geschmort wurden, binden.
Geschmorte Ochsenbackerl in Scheiben schneiden und mit der Sauce nappieren.

ZUTATEN
2 Karotten
2 gelbe Rüben
1 Stange Lauch
1 kleine Sellerie
6 Schalotten
1 Knoblauchzehe
600 g Ochsenbackerl
Salz, Pfeffer
1 l Olivenöl
1 EL Tomatenmark
1 KL Wasabipaste
1 EL Butter
50 ml Balsamico
200 ml Rotwein
500 ml Geflügelfond (siehe S. 60)
1 Zweig Rosmarin
1 Zweig Thymian
2 Lorbeerblätter
5 Wacholderbeeren
10 schwarze Pfefferkörner

Rosa Lammrücken mit Bohnenpüree und Schalotten

Für den Lammjus Knochen in einem Bräter mit Olivenöl bei 150 °C im Backrohr 1 Stunde lang rösten und dabei öfters wenden. In der Zwischenzeit Karotten, gelbe Rüben, Sellerie, Lauch, Schalotten und Knoblauch putzen bzw. schälen und grobwürfelig schneiden. Zu den Knochen geben und weitere 30 Minuten lang im Backrohr rösten. Dann Tomatenmark und Pelati-Tomaten einrühren, mit Weißwein ablöschen und zur Gänze einreduzieren. Kartoffel schälen, reiben und untermischen. Mit Wasser auffüllen, einmal aufkochen und abschäumen. Gewürze zugeben und 2 Stunden lang leicht köcheln lassen. Lammjus durch ein Tuch passieren und nochmals einreduzieren. Zum Schluss mit Salz und Pfeffer abschmecken. Das ergibt ca. 500 ml Lammjus.
Für das Bohnenpüree Bohnen über Nacht einweichen. Die beiden Schalotten und Knoblauch schälen und fein schneiden. In einer Pfanne Olivenöl erhitzen, Schalotten und Knoblauch darin anschwitzen. Bohnen und Geflügelfond zugeben, Thymian- und Bohnenkrautzweig einlegen und Bohnen weich kochen. Abseihen und dabei den Kochfond auffangen. Bohnen mit etwas Kochfond im Mixer fein pürieren.
Schalotten schälen. In einem Topf Zucker karamellisieren, Schalotten und Thymianzweig zugeben. Nach und nach Rotwein zugießen und Schalotten darin weich schmoren. Vom Herd nehmen und warm stellen.
Lammrücken salzen und pfeffern. In einer Pfanne mit Olivenöl rundherum anbraten. Dann im Backrohr bei 180 °C je nach Stärke 3 bis 5 Minuten lang braten. Herausnehmen, auf den Herd stellen, Rosmarinzweig einlegen und Lammrücken kurz nachbraten. In Alufolie wickeln und ca. 5 Minuten lang rasten lassen.
In der Zwischenzeit Saubohnen in Salzwasser blanchieren und in Eiswasser abschrecken, damit sie die Farbe behalten. In einem Topf Geflügelfond mit Butter erwärmen, Saubohnen salzen und durchschwenken. Bohnenpüree erwärmen und mit den Schalotten auf Tellern anrichten. Lammjus ebenfalls erwärmen. Lammrücken zerteilen, auf das Bohnenpüree legen, mit Lammjus beträufeln und mit Saubohnen garnieren.

ZUTATEN
Für den Lammjus
1,5 kg Lammfleischknochen (klein gehackt)
3 EL Olivenöl
2 Karotten
2 gelbe Rüben
$^1/_2$ Sellerieknolle
1 Stange Lauch
5 Schalotten
1 Knoblauchzehe
1 KL Tomatenmark
1 Dose Pelati-Tomaten (à 150 ml)
100 ml Weißwein
1 mehlige Kartoffel
2 l Wasser
2 Lorbeerblätter
1 Zweig Thymian
1 Zweig Rosmarin
10 Pfefferkörner
Salz, Pfeffer

Für das Bohnenpüree
300 g weiße Bohnen
2 Schalotten
1 Knoblauchzehe
2 EL Olivenöl
500 ml Geflügelfond (siehe S. 60)
1 Zweig Thymian
1 Zweig Bohnenkraut

8 Schalotten
1 EL Zucker
1 Thymianzweig
250 ml Rotwein
700 g Lammrücken mit Knochen
Salz, Pfeffer
2 EL Olivenöl
1 Zweig Rosmarin
150 ml Lammjus
2 EL Saubohnen (ausgelöst)
1 EL Geflügelfond (siehe S. 60)
1 KL Butter

Geschmorte Lammstelze mit Olivenkartoffeln

ZUTATEN
1 Karotte
1 gelbe Rübe
1/2 Sellerieknolle
3 Schalotten
1 Tomate
1 Knoblauchzehe
4 Lammstelzen à 200 g
Salz, Pfeffer
3 EL Olivenöl
1 EL Tomatenmark
125 ml Weißwein
1 Zweig Rosmarin
1 Zweig Thymian
2 Lorbeerblätter
10 schwarze Pfefferkörner
5 Wacholderbeeren
1 l Geflügelfond (siehe S. 60)

Für die Olivenkartoffeln
3 große Kartoffeln
3 EL Olivenöl
2 EL schwarze Oliven (grob gehackt)
Salz, Pfeffer

Karotte, gelbe Rübe, Sellerie und Schalotten putzen bzw. schälen und grobwürfelig schneiden. Tomate waschen und vierteln. Knoblauchzehe zerdrücken.
Lammstelzen salzen und pfeffern. In einem Bräter Olivenöl erhitzen, Lammstelzen darin rundherum anbraten. Herausnehmen und beiseite stellen. Im Bratensatz grob gewürfeltes Gemüse und Schalotten rösten. Tomate und Knoblauch zugeben und Tomatenmark einrühren. Mit Weißwein ablöschen und zur Gänze einreduzieren. Rosmarin- und Thymianzweig, Lorbeerblätter, Pfefferkörner und Wacholderbeeren einlegen und mit Geflügelfond auffüllen. Die Lammstelzen in den Fond geben und zugedeckt ca. 40 bis 50 Minuten lang weich schmoren.
In der Zwischenzeit für die Olivenkartoffeln Kartoffeln waschen und in Salzwasser weich kochen. Schälen und noch heiß durch die Kartoffelpresse drücken. Kartoffelmasse in einem Topf mit Olivenöl, Oliven, Salz und Pfeffer vermischen, nochmals erhitzen und warm stellen.
Geschmorte Lammstelzen aus dem Bräter nehmen und Sauce durch ein feines Sieb passieren.
Olivenkartoffeln auf Tellern anrichten, jeweils mit einer Lammstelze belegen und mit der Sauce nappieren.

Rosa Lammrücken mit Melanzane alla Parmigiana

ZUTATEN
Für die Melanzane alla Parmigiana
100 g Mozzarella
1 Melanzani
Salz, Pfeffer
60 ml Olivenöl
100 ml Tomatensauce (siehe S. 53)
80 g Parmesan (gerieben)

700 g Lammrücken mit Knochen
2 EL Olivenöl
1 Zweig Rosmarin
150 ml Lammjus (siehe S. 135)

Für die Melanzane alla Parmigiana Mozzarella in Scheiben schneiden. Melanzani waschen und der Länge nach in 1 cm dicke Scheiben schneiden. Salzen und 10 Minuten auf ein Tuch legen, da ihnen so die überschüssige Flüssigkeit und die Bitterstoffe entzogen werden. Dann abtupfen, pfeffern und in einer Pfanne mit heißem Olivenöl beidseitig braten. Herausnehmen und auf Küchenpapier abtrocknen.
Die Hälfte der Melanzanischeiben in eine Auflaufform legen. Mit der Hälfte der Tomatensauce begießen und mit der Hälfte des Parmesans bestreuen. Dann schichtweise mit einem Teil des Mozzarella, dem Rest der Melanzanischeiben, der restlichen Tomatensauce, dem übrigen Mozzarella belegen und zum Schluss mit dem Rest des Parmesan bestreuen.
Im Backrohr 40 Minuten lang bei 160 °C backen. Herausnehmen, abkühlen lassen und erst dann portionieren, da die Melanzane alla Parmigiana in heißem Zustand ihre Form verlieren würden.
Lammrücken salzen und pfeffern. In einer Pfanne Olivenöl erhitzen, Lammrücken darin rundherum anbraten. Dann im Backrohr bei 180 °C je nach Stärke 3 bis 5 Minuten lang braten. Herausnehmen, auf den Herd stellen, Rosmarinzweig einlegen und Lammrücken kurz nachbraten. In Alufolie wickeln und ca. 5 Minuten lang rasten lassen.
In der Zwischenzeit Lammjus erhitzen und Melanzane alla Parmigiana im Backrohr erwärmen.
Lammrücken in Portionen teilen, mit Melanzane alla Parmigiana auf Tellern anrichten und mit Lammjus nappieren.

RMATO FAMIGLIA •
FRANCIA
Mozzarella

Knuspriges Spanferkel mit Musetto, Linsen und Polpetti di Pane

Für den Schweinsjus Knochen in einem Bräter mit Olivenöl bei 150 °C im Backrohr 1 Stunde lang rösten und dabei öfters wenden. In der Zwischenzeit gelbe Rüben, Sellerie, Lauch, Schalotten und Knoblauch putzen bzw. schälen und grobwürfelig schneiden. Zu den Knochen geben und weitere 30 Minuten lang im Backrohr rösten. Dann Tomatenmark einrühren, mit Bier ablöschen und zur Gänze einreduzieren. Kartoffel schälen, reiben und untermischen. Mit Wasser auffüllen, einmal aufkochen und abschäumen. Gewürze zugeben und 2 Stunden lang leicht köcheln lassen. Schweinsjus durch ein Tuch passieren und nochmals reduzieren. Zum Schluss mit Salz und Pfeffer abschmecken und mit Butter binden. Das ergibt ca. 500 ml Schweinsjus.

Für die Linsen Schalotte schälen und mit dem Speck fein schneiden. Olivenöl in einem Topf erhitzen, Schalotte und Speck darin rösten. Mehl einrühren und leicht bräunen. Dann mit Balsamico ablöschen und Geflügelfond zugießen. Eingeweichte Linsen zugeben und mit Kapern, Zitronenzesten und -saft, Knoblauch, Salz und Pfeffer vermischen. 20 Minuten lang leicht köcheln lassen.

Für die Polpetti di Pane Schalotte schälen und fein schneiden. In einer Pfanne Butter erhitzen, Schalotte darin glasig dünsten und vom Herd nehmen. Weißbrotwürfel mit Eiern, gedünsteter Schalotte samt Butter, etwas Salz, Muskatnuss und Milch zu einer Knödelmasse verarbeiten. Kleine Knödel formen und im Dampfgarer oder im Dampfeinsatz über kochendem Wasser ca. 8 Minuten lang garen.

In der Zwischenzeit Spanferkelhaut kreuzweise einschneiden, salzen, pfeffern und mit Kümmel bestreuen. In einer Pfanne Olivenöl erhitzen, Fleisch auf der Hautseite so lange braten, bis sie knusprig ist. Umdrehen, ins Backrohr schieben und bei 180 °C je nach Größe 6 bis 8 Minuten lang braten lassen.

Musettoscheiben (eine Art Presswurst) in eine Pfanne legen, mit Geflügelfond bedecken und darin erwärmen.

Spanferkel portionieren, mit den Musettoscheiben auf die Linsen legen, mit Polpetti di Pane und etwas erwärmtem Schweinsjus servieren.

ZUTATEN

Für den Schweinsjus
1,5 kg Schweinefleischknochen (klein gehackt)
3 EL Olivenöl
2 gelbe Rüben
1/2 Sellerieknolle
1 Stange Lauch
5 Schalotten
2 Knoblauchzehen
1 KL Tomatenmark
100 ml Bier
1 mehlige Kartoffel
2 l Wasser
2 Lorbeerblätter
1 Zweig Thymian
1 Zweig Rosmarin
10 Pfefferkörner
Salz, Pfeffer
1 EL Butter

Für die Linsen
1 Schalotte
50 g Bauchspeck
2 EL Olivenöl
1 EL Mehl
1 Spritzer Balsamico
80 ml Geflügelfond (siehe S. 60)
50 g grüne Linsen (über Nacht eingeweicht)
1 KL Kapern (gehackt)
Saft und Zesten von 1/2 Zitrone
1 KL Knoblauch (gehackt)

Für die Polpetti di Pane
1 Schalotte
50 g Butter
250 g Weißbrotwürfel
2 Eier, Muskatnuss
Milch nach Bedarf

600 g Spanferkelrücken (ausgelöst)
Salz, Pfeffer
1 Msp. Kümmel (gemahlen)
3 EL Olivenöl
12 Scheiben Musetto
100 ml Geflügelfond (siehe S. 60)

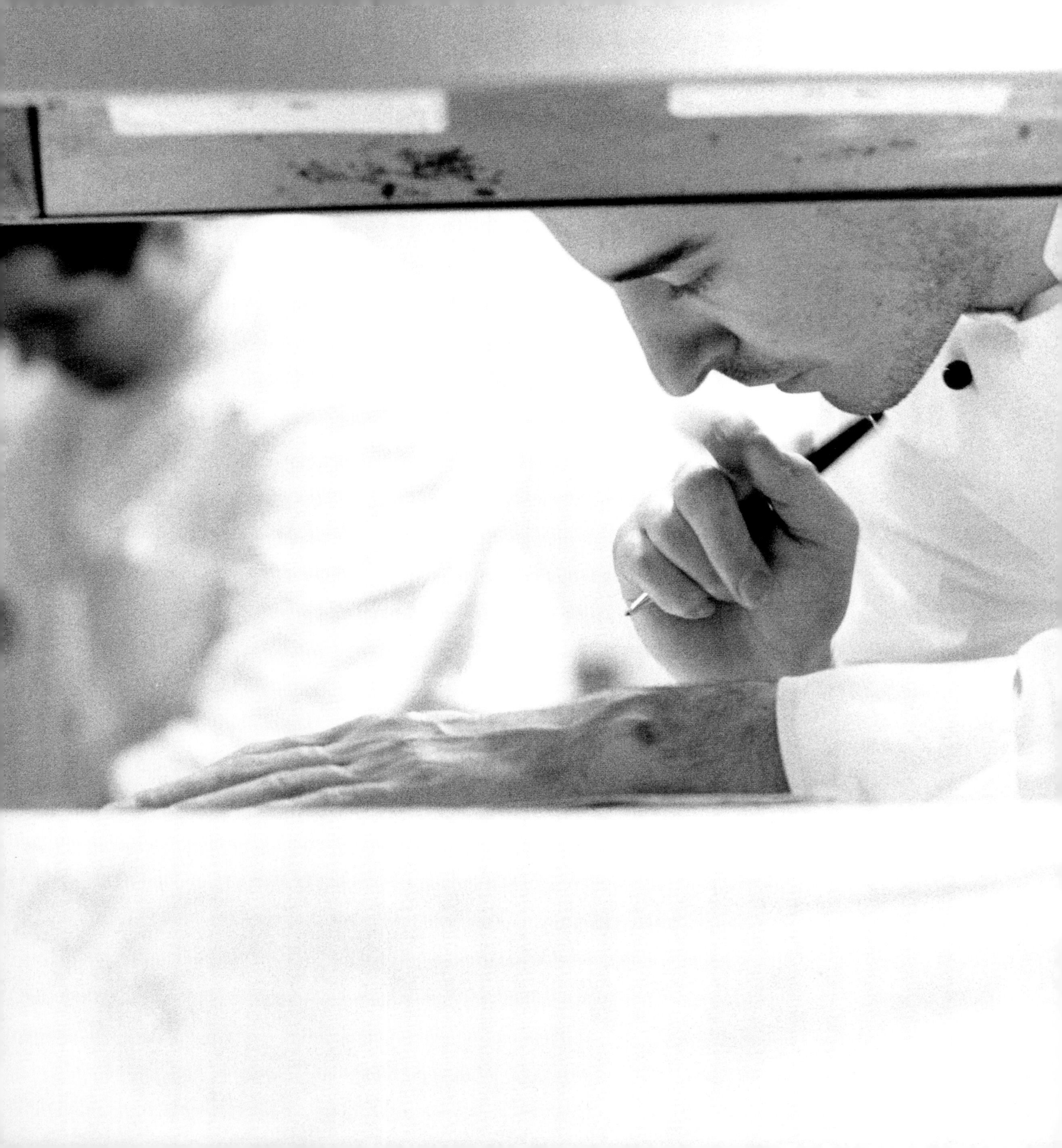

Knuspriges Spanferkel mit Kümmelrisotto und Jungzwiebeln

ZUTATEN
Für den Kümmelrisotto
1 Schalotte
1 EL Olivenöl
100 g Risottoreis
60 ml Weißwein
250 ml Geflügelfond (siehe S. 60)
1 EL Parmesan (gerieben)
20 g kalte Butter
Salz, Pfeffer
1 KL Kümmel (gemahlen)

1 Bund Jungzwiebeln
1 EL Butter
Salz
600 g Spanferkelrücken (ausgelöst)
Pfeffer
3 EL Olivenöl

Risotto mit nebenstehenden Zutaten wie bei Safran-Minzerisotto (S. 71) herstellen, bis er eine cremige Konsistenz hat. Dann mit Salz, Pfeffer und Kümmel würzen.
Jungzwiebeln putzen, die Enden entfernen, in Salzwasser blanchieren und abseihen. Kurz vor dem Servieren in einer Pfanne Butter erhitzen, Jungzwiebeln salzen und durchschwenken.
In der Zwischenzeit Spanferkelhaut kreuzweise einschneiden, salzen und pfeffern.
In einer Pfanne Olivenöl erhitzen, Spanferkel auf der Hautseite so lange braten, bis es knusprig ist. Umdrehen und im Rohr bei 180 °C je nach Größe 6 bis 8 Minuten lang braten. Herausnehmen und portionieren.
Risotto auf Tellern anrichten, mit Jungzwiebeln belegen und Spanferkel dazu legen.

DAS NACHSPIEL

Ab 22 Uhr verlagert sich das Zentrum des Geschehens zunehmend an die Bar von *fabios*. Während man sich nebenan im Restaurant noch an den Desserts delektiert, wird entlang der langen Theke an Champagner, Wein und Cocktails genippt. Hier tauchen sie ein, die Nachtvögel, die Kreativen, die Mächtigen und die Schönen der Nacht, treffen sich zum Chill-Out und werden mit Lounge-Music sanft über die Mitternachtsgrenze geleitet. Genau hier, in diesem mit Orangetönen entspannt beleuchteten Raum wird Wien international, können Kosmopoliten davon träumen, gerade in New York, London oder Rom abzuhängen, bevor sie am Heimweg von Stephansdom und Hofburg wieder zur Orientierung gerufen werden. Am Bildrand der Bar erscheint immer wieder der Patron, um dezent und unaufdringlich nach dem Rechten zu sehen. Nichts entgeht seiner Aufmerksamkeit. Der Gast dort hinten sitzt schon länger am Trockenen, hier ein ungeleerter Aschenbecher – kein Problem, unauffällig wird jeder Barbesucher umsorgt, ohne sich dabei in seiner Anonymität gestört zu fühlen. „Ich mag es, wenn Dinge funktionieren. Aber in meinem Herzen bin ich doch ein Italiener und ausgestattet mit der gewissen italienischen Leichtigkeit", sagt Fabio Giacobello und vermutlich ist das ein Teil seines Erfolgsrezeptes.

GAULOISES

SEGRETA, PLANETA 4,80
RIOJA CRIANZA 5,00
ARDONNAY, TESCH 4,00
PRIORAT - COMA VELLA 10,00
BATHINI, ERWIN SABATHI 4,00
NERO D'AVOLA 4,50
SKATELLER, HARKAMP
NER VELTL. STEININGE
Sauza
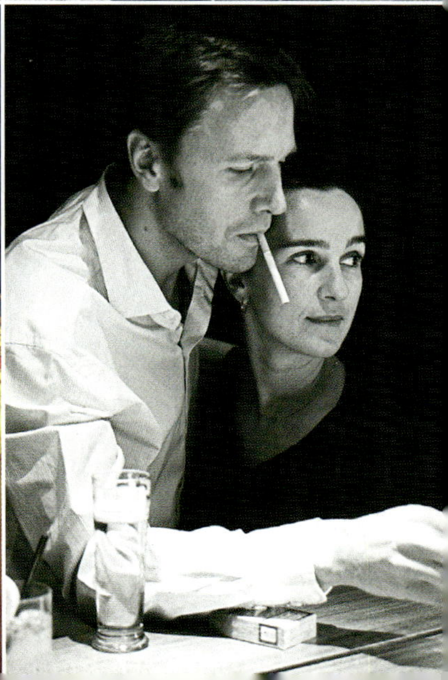

„Kochen ist eine Herzenssache und ein Kochbuch ist eine Hilfe dafür. Dann machen wir einfach den Kühlschrank auf, finden ein paar Tomaten, ein Salatblatt, einen Thunfisch und vielleicht noch ein paar Chilis. Wir kochen einen Topf mit Nudeln auf, mischen alles zusammen, schütten ein gutes Olivenöl drüber und das Thema ist erledigt. Basta!“

Ricottasoufflé mit gelierter Rhabarbersuppe

Für die Rhabarbersuppe Rhabarber schälen und in 1 cm dicke Scheiben schneiden. Erdbeeren putzen und waschen. Rhabarber mit Zucker, Weißwein, Erdbeeren, Zimtstange und Ingwer in eine feuerfeste Form füllen. Zudecken und im Backrohr bei 160 °C ca. 30 Minuten lang garen. Rhabarberstücke herausnehmen und beiseite stellen.
Flüssigkeit durch ein Tuch passieren.
Gelatine in kaltem Wasser einweichen, ausdrücken und in den noch warmen Rhabarbersaft mischen. Mindestens 2 Stunden im Kühlschrank kalt stellen. Vor dem Servieren mit Prosecco auffüllen, durchrühren und Rhabarberstücke einmischen.
Für das Soufflé Vanilleschote der Länge nach halbieren und das Mark mit einem Messerrücken ausschaben.
Eier in Eidotter und Eiklar trennen.
Eidotter mit Ricotta und Vanillemark vermischen.
Eiklar mit Kristallzucker zu einem steifen Schnee schlagen und unter die Ricottamasse heben.
Souffléformen mit Butter bestreichen und bezuckern.
Ricottamasse einfüllen, Förmchen in ein warmes Wasserbad stellen und bei 180 °C im Backrohr 12 bis 15 Minuten lang backen. Herausnehmen und stürzen. Rhabarbersuppe in tiefen Tellern anrichten und Soufflés hineinsetzen.

ZUTATEN

Für die Rhabarbersuppe
3 Stangen Rhabarber
3 Erdbeeren
30 g Zucker
60 ml Weißwein
$^{1}/_{2}$ Zimtstange
1 Msp. Ingwer (fein gehackt)
$^{1}/_{2}$ Blatt Gelatine
80 ml Prosecco

Für das Ricottasoufflé
1 Vanilleschote
3 Eier
200 g Ricotta
60 g Kristallzucker
1 EL Butter
1 EL Kristallzucker für die Formen

Warmer Schokoladenauflauf mit Beerensorbet

Für den Läuterzucker Wasser mit Zucker aufkochen und Zucker zur Gänze auflösen. Überkühlen lassen und in Flaschen oder Vorratsbehälter abfüllen. Dies ergibt ca. 400 ml Läuterzucker, der gut verschlossen bei Zimmertemperatur länger gelagert werden kann.
Für das Sorbet Beeren waschen, trocknen und mit den restlichen Zutaten vermischen. Mit einem Mixstab pürieren und durch ein feines Sieb passieren. In der Eismaschine frieren.
Für den Schokoladenauflauf Eier in Eiklar und Eidotter trennen. Eidotter, Hefe und Staubzucker schaumig schlagen. Eiklar mit Kristallzucker zu einem steifen Schnee schlagen. Kuvertüre im Wasserbad erwärmen, bis sie flüssig ist, und in die Eidottermasse mischen. Dann Eischnee und Mehl unterheben. Butter erwärmen, bis sie flüssig ist, und ebenfalls in die Masse rühren.
Souffléformen mit Butter bestreichen und Masse einfüllen. Im vorgeheizten Backrohr 12 bis 14 Minuten lang bei 190 °C backen, so dass der Schokoladenauflauf innen noch cremig ist.
Schokoladenauflauf auf Teller stürzen und mit Beerensorbet servieren.

ZUTATEN

Für den Läuterzucker
250 ml Wasser
250 g Kristallzucker

Für das Beerensorbet
300 g gemischte Beeren (Erdbeeren, Himbeeren, Johannisbeeren, Brombeeren)
150 ml Läuterzucker
1 EL Glykose
Saft von 1 Zitrone

Für den Schokoladenauflauf
3 Eier
4 g Hefe
50 g Staubzucker
50 g Kristallzucker
150 g dunkle Kuvertüre
100 g Mehl
125 g Butter
Butter zum Bestreichen

Lauwarmer Haselnusskuchen

ZUTATEN
100 ml Obers
3 Eier
250 g Haselnüsse (gerieben)
100 g Kristallzucker
1 KL Kakaopulver
1 EL Butter zum Bestreichen

Obers und Eier mit einem Schneebesen in einer Schüssel verrühren. Haselnüsse, Kristallzucker und Kakaopulver zugeben und gut vermischen.
Tarteformen (mit ca. 10 cm Durchmesser) mit Butter bestreichen und die Masse einfüllen.
Im vorgeheizten Backrohr 20 bis 25 Minuten lang bei 100 °C backen. Herausnehmen, vorsichtig stürzen, überkühlen lassen und erst dann portionieren.

Panna cotta

ZUTATEN
4 Blatt Gelatine
1 Vanilleschote
500 ml Obers
80 g Kristallzucker
1 KL Vanillezucker
1 Prise Salz
160 ml geschlagenes Obers

Beeren oder Kirschen für die Garnitur

Gelatine in kaltem Wasser einweichen und ausdrücken. Vanilleschote halbieren und mit einem Messerrücken das Mark ausschaben.
Flüssiges Obers mit Vanillemark, Kristall- und Vanillezucker und Salz verrühren und bei geringer Hitze ca. 10 Minuten lang köcheln. In einem Teil davon die ausgedrückte Gelatine auflösen. Wieder in die Obersmischung geben und geschlagenes Obers unterheben.
Masse in kleine Formen oder Moccatassen füllen und für mindestens 12 Stunden im Kühlschrank kalt stellen.
Panna cotta auf Teller stürzen und nach Belieben und Saison mit Beeren oder Kirschen servieren.

Nougatravioli mit Zwergorangen

Zwergorangen waschen, in Scheiben schneiden und von etwaigen Kernen befreien. In einem Topf Zucker hellbraun karamellisieren, mit Cointreau und Weißwein ablöschen. Limettenzesten, Zimtstange und Zwergorangenscheiben zugeben, einmal aufkochen und beiseite stellen.

Für den Ravioliteig alle Zutaten vermischen und zu einem glatten Teig verarbeiten. 30 Minuten lang rasten lassen.

Für die Fülle Nougat und Kuvertüre im Wasserbad so lange erwärmen, bis sie flüssig sind. Vom Herd nehmen und überkühlen lassen. Butter in einer Schüssel schaumig schlagen und mit der Nougatmasse vermischen. Orangensaft, Orangenzesten und Grand Marnier einrühren und in einen Dressiersack füllen.

Ravioliteig dünn ausrollen und mit Eidotter bestreichen. Auf die Hälfte des Teiges Nougatmasse dressieren, die zweite Hälfte darüber klappen und rund um die Fülle mit den Fingern festdrücken. Mit einem runden Ausstecher Ravioli ausstechen.

In einem Topf Wasser mit Rum aufkochen. Ravioli darin kochen und abseihen.

Zwergorangen auf Tellern verteilen und Nougatravioli darauf legen.

ZUTATEN

200 g Zwergorangen (unbehandelt)
2 EL Kristallzucker
2 EL Cointreau
100 ml Weißwein
Zesten von 1 Limette
$^1/_2$ Zimtstange

Für den Ravioliteig

100 g glattes Mehl
100 g Durum (Hartweizengrieß)
100 g Kakaopulver
4 Eidotter
2 Eier
1 Prise Salz
1 Eidotter zum Bestreichen
100 ml Rum zum Kochen der Ravioli

Für die Fülle

100 g Nougat
100 g dunkle Kuvertüre
100 g Butter
2 EL Orangensaft
Zesten von $^1/_2$ Orange
3 EL Grand Marnier

Dreierlei Crème brûlée

Vanilleschote der Länge nach halbieren und mit dem Messerrücken ausschaben. Milch mit dem Vanillemark einmal aufkochen und leicht überkühlen lassen.
Eidotter mit Kristallzucker vermischen und in die lauwarme Vanillemilch rühren. Obers einmischen und Masse dritteln.
Zitronenmelisse grob schneiden, mit einem Teil der Masse vermischen und über Nacht ziehen lassen.
Dann durch ein feines Sieb abseihen.
In den zweiten Teil der Masse Löskaffee einrühren und auflösen.
Der dritte Teil der Masse bleibt, wie er ist.
Die verschiedenen Massen in kleine Porzellanschalen füllen und im Backrohr bei 95 °C ca. 70 Minuten lang pochieren.
Herausnehmen, abkühlen lassen und mit braunem Zucker bestreuen. Entweder im Backrohr bei starker Oberhitze karamellisieren oder noch besser mit einem Bunsenbrenner bräunen.

ZUTATEN
1 Vanilleschote
180 ml Milch
8 Eidotter
110 g Kristallzucker
500 ml Obers
1 Bund Zitronenmelisse
1 KL Löskaffee
2 EL brauner Zucker

Macchiatocreme mit Portweinfeigen

Eidotter mit Ei und Zucker über Dampf warm schlagen, bis sich die Masse zu binden beginnt. Vom Herd nehmen und so lange weiter schlagen, bis die Masse kalt ist.
Gelatine in Wasser einweichen und ausdrücken. Im Whisky auflösen und in die Eimasse mischen. Kuvertüre über Dampf zum Schmelzen bringen. Löskaffee in etwas Wasser auflösen und in die Kuvertüre rühren. Ebenfalls in die Eimasse mischen.
Obers zu Schlagobers schlagen und unter die Masse heben.
Für mindestens 6 Stunden im Kühlschrank kalt stellen.
Für die Portweinfeigen Feigen waschen und vierteln. Orange waschen und in Scheiben schneiden.
Zucker in einer Pfanne hellbraun karamellisieren und mit Portwein ablöschen. Orangenscheiben, Zimtstange und Gewürznelken einlegen, Portwein zur Hälfte einreduzieren und vom Herd nehmen. Feigen in den heißen Portwein legen, mit Alufolie bedecken und 1 Stunde lang ziehen lassen.
Mit einem Suppenlöffel Macchiatocreme ausstechen und mit den Portweinfeigen auf Tellern anrichten.

ZUTATEN
1 Eidotter
1 Ei
3 EL Kristallzucker
$2^1/_2$ Blatt Gelatine
40 ml Whisky (gute Qualität)
250 g weiße Kuvertüre
1 EL Löskaffee
550 ml Obers

Für die Portweinfeigen
4 reife Feigen
$^1/_2$ Orange (unbehandelt)
1 EL Zucker
200 ml roter Portwein
1 Zimtstange
4 Gewürznelken

Moccaeis im Glas mit Mangoschaum

Für das Moccaeis Vanilleschote halbieren und mit dem Messerrücken das Mark ausschaben.
In einem Topf Milch mit Vanillemark, Obers, Zucker und Löskaffee einmal aufkochen.
Vom Herd nehmen, Eidotter einarbeiten und so lange rühren, bis die Masse gebunden ist.
Zum Schluss Kardamom einmischen und Masse in der Eismaschine frieren.
Für den Mangoschaum Mango schälen, vom Kern befreien und Fruchtfleisch in Würfel schneiden. Gelatine in kaltem Wasser einweichen und zur Seite stellen.
Mangowürfel mit Orangensaft und Zucker einmal aufkochen, mit dem Mixstab pürieren und durch ein feines Sieb passieren.
Gelatine ausdrücken und in das warme Mangopüree einrühren. Im Kühlschrank abkühlen lassen. 3 Patronen in eine Espuma-Flasche einschrauben, Mangopüree mit dem Schneebesen aufschlagen und einfüllen.
Moccaeis in gekühlte Gläser verteilen und mit Mangoschaum auffüllen.

ZUTATEN
1 Vanilleschote
500 ml Milch
250 ml Obers
125 g Kristallzucker
1 EL Löskaffee
9 Eidotter
1 Msp. Kardamom

Für den Mangoschaum
1 Mango
2 Blatt Gelatine
120 ml Orangensaft
50 g Zucker

Sorbets

Limettensorbet

Limettensaft mit Glykose einmal aufkochen. Läuterzucker und Vodka Zitrone zugeben und gut verrühren. In der Eismaschine frieren.

ZUTATEN 200 ml Limettensaft
1 EL Glykose
250 ml Läuterzucker (siehe S. 154)
20 ml Vodka Zitrone

Blutorangensorbet

Blutorangensaft einmal aufkochen und um ca. $^1/_3$ reduzieren. Glykose, Läuterzucker und Cointreau einrühren und in der Eismaschine frieren.

ZUTATEN 500 ml Blutorangensaft
1 EL Glykose
100 ml Läuterzucker (siehe S. 154)
20 ml Cointreau

Eisenkrautsorbet

Eisenkraut von den Stängeln zupfen. Im Mixer mit Läuterzucker, Wasser, Glykose und Zitronensaft ca. 2 Minuten lang gut durchmixen. Durch ein feines Sieb passieren und in der Eismaschine frieren.

ZUTATEN 1 Bund Eisenkraut
200 ml Läuterzucker (siehe S. 154)
200 ml Wasser, 1 EL Glykose
Saft von $^1/_2$ Zitrone

Mangosorbet

Mangos schälen, halbieren und vom Kern befreien. In Würfel schneiden und mit Läuterzucker und Glykose im Mixer fein pürieren. Mit Bacardi abschmecken und in der Eismaschine frieren.

ZUTATEN 2 Mangos
100 ml Läuterzucker (siehe S. 154)
1 EL Glykose
20 ml Bacardi

Sauermilcheis mit Erdbeeren

Für die Hippen Butter flüssig machen und mit den restlichen Zutaten zu einer glatten Masse verrühren. Die Masse sollte die Konsistenz von weichem Marzipan haben.
Ein Backblech mit Backpapier auslegen. Schablonen aus Plastik in gewünschten Formen darauf legen. Für Stanitzel eignen sich Dreiecke, für Röllchen oder Halfpipes nimmt man Kreise.
Masse sehr dünn aufstreichen und Schablonen entfernen.
Im vorgeheizten Backrohr 2 bis 4 Minuten lang bei 180 °C backen. Herausnehmen und noch heiß formen.
Stanitzel wickelt man am besten über einen geformten Karton, Halfpipes legt man über eine Terrinenform. Hippen passen zu Sorbets und Eis oder als Dessert-Garnitur.
Für das Eis in einer Schüssel Sauermilch, Milchpulver, Sauerrahm, Zitronensaft und Staubzucker vermischen und glatt rühren.
Masse in einer Eismaschine frieren.
Erdbeeren putzen, waschen und vierteln. Minzeblätter in feine Streifen schneiden.
Mit den Erdbeeren vermischen und mit Staubzucker marinieren.
In vorgekühlte Gläser abwechselnd marinierte Erdbeeren und Sauermilcheis einschichten.

ZUTATEN
Für die Hippen
50 g Butter
50 g Mehl
50 g Staubzucker
1 Eiklar

250 ml Sauermilch
40 g Milchpulver
60 ml Sauerrahm
Saft von 3 Zitronen
80 g Staubzucker
200 g Erdbeeren
10 Minzeblätter
1 KL Staubzucker zum Marinieren

Klassiker mit Biss

Der Risotto ist der Klassiker der norditalienischen Küche, in seiner Heimat Mailand hütet jedes Restaurant ein eigenes Rezept. Nur die Zubereitung folgt stets dem gleichen Grundprinzip: Rundkornreis wird in Butter glasig gedünstet, nach und nach mit Flüssigkeit aufgegossen und unter ständigem Rühren auf kleinem Feuer gegart. Oberstes Gebot: Jedes Korn muss Biss haben, dennoch soll der Risotto cremig-geschmeidig „all'onda" sein, also an eine Welle erinnern. Egal ob als raffiniertes Hauptgericht oder als trendiger Zwischengang hat der Risotto auch bei uns seine klebrigen Anfangsschwierigkeiten längst überwunden. Das körnig-sämige Reisgericht ist kinderleicht herzustellen, aber ebenso leicht zu verpatzen. Tommy Möbius, *fabios* Sous-Chef und preisgekrönter Uncle Ben's®-Newcomer des Jahres 2004, verrät, wie es perfekt gelingt: „Ein Risotto lässt sich keine Zeit, er läuft nicht nebenbei, man muss sich intensiv mit ihm befassen!" Das bedeutet: rühren, rühren, rühren. Möbius über die Aufgussflüssigkeit, die neben der traditionellen Hühnersuppe auch ein Fleisch-, Fisch- oder Gemüsefond sein kann: „Der Fond muss heiß sein, sonst platzt das Reiskorn und der Risotto bindet nicht. Und er muss gut abgeschmeckt sein und zu den Zutaten passen."

In Italien heißt es, dass es kein Lebewesen aus Meer, Land oder Luft gibt, das nicht schon einmal in einem Risotto gelandet wäre. Die Variationsmöglichkeiten sind unendlich, beigemengt werden Gemüse, Kräuter, Krustentiere, Trüffel, Steinpilze oder beim Klassiker „alla Milanese" Safran – und das natürlich immer zum exakt richtigen Zeitpunkt, damit alles knackig bleibt und gleichzeitig das volle Aroma entfalten kann. Ein wichtiger Erfolgsfaktor ist die Wahl der Reissorte. Nur italienischer Rundkornreis schafft die perfekte Balance von bissfestem Korn und cremigem Charakter.
Die Körner der Sorte Arborio etwa nehmen enorm viel Flüssigkeit auf und geben dazu reichlich Stärke ab. Zu guter Letzt bindet Möbius den Risotto mit Butter oder Olivenöl – „aber erst, wenn der Reis weich ist, sonst saugt er das Fett auf und bleibt hart" – und rührt vor dem Anrichten einen Esslöffel Parmesan unter. Perfetto.

Risotto

Ausgesuchte Spitzenqualität aus dem Piemont und der Lombardei mit dem perfekten Biss und feinem Geschmack für cremige Risotto-Gerichte.

Basmati

Das Hindi-Wort Basmati bedeutet „der Duftende“. Er entfaltet beim Garen einen unvergleichlichen Duft und passt hervorragend zu asiatischen Gerichten.

Basmati & Thai

Erlesene Komposition aus edlem Basmati-Reis und thailändischem Duftreis. Ideal zu Fleisch-, Wok- und Gemüsegerichten.

Langkorn-Reis & Wildreis

Wildreis ist eigentlich kein Reis, sondern ein Wassergras und wächst in sauberen Seen und Sümpfen. Ideal zu Geflügel- und Wildgerichten.

7 Corn-Equilinia

Eine exklusive Mischung aus Wild- und Naturreis mit fünf Getreidesorten. Als Pfannengericht oder Zutat für Salate bestens geeignet.

REGISTER

T

V

W

Z

www.fabios.at